vente

Curso de español lengua extranjera

A1

Libro del alumno

Fernando Marín
Reyes Morales

edelsa

ESPAÑA

¿QUIÉNES SON?

1. **Relaciona la foto de cada persona con su nombre y su profesión.**

◯ **a.** Doña Letizia	**1.** actriz
◯ **b.** Picasso	**2.** tenista
◯ **c.** Rafa Nadal	**3.** reina
◯ **d.** Penélope Cruz	**4.** pintor
◯ **e.** Pablo Alborán	**5.** escritora
◯ **f.** Almudena Grandes	**6.** cantante

¿DÓNDE ESTÁ?

2. Estos monumentos están en: Madrid - Granada - Barcelona - Sevilla - Bilbao - Valencia.
Escribe la letra correspondiente en el mapa.

ANDALUCÍA

A. La Giralda

CATALUÑA

B. La Sagrada Familia

ANDALUCÍA

C. La Alhambra

MADRID

D. El Museo del Prado

COMUNIDAD VALENCIANA

E. La Ciudad de las Artes y las Ciencias

PAÍS VASCO

F. El Museo Guggenheim

¿QUÉ ES?

3. Escribe las palabras en su categoría. Puedes escribir otras.

- Marbella
- Real Madrid CF
- el jamón
- el flamenco
- la paella
- el caballo
- la guitarra
- el toro
- las tapas
- la playa
- Ibiza
- FC Barcelona

COMIDA	MÚSICA/BAILE	DEPORTE	LUGARES	ANIMALES

HISPANOAMÉRICA

¿QUIÉNES SON?

1. Relaciona la foto de cada persona con su nombre, su profesión y su país.

○ **a.** Messi	**1.** actor	**I.** México
○ **b.** Frida Kahlo	**2.** bailarina	**II.** Argentina
○ **c.** Vargas Llosa	**3.** escritor	**III.** Colombia
○ **d.** Benicio del Toro	**4.** futbolista	**IV.** Perú
○ **e.** Shakira	**5.** cantante	**V.** Puerto Rico
○ **f.** Alicia Alonso	**6.** pintora	**VI.** Cuba

A

B

C

D

E

F

¿DÓNDE ESTÁ?

2. Estos lugares están en: Isla de Pascua (Chile) - Perú - Argentina - Guatemala - Argentina, Brasil y Paraguay - México. Escribe la letra correspondiente en el mapa.

A. Chichén Itzá

B. Machu Picchu

C. Los moáis

D. Tikal

E. Los glaciares del Perito Moreno

F. Las cataratas de Iguazú

¿QUÉ ES?

3. Escribe las palabras en su categoría. Puedes escribir otras.

River Plate - la salsa - Buenos Aires - el tango - la llama - los tacos - Acapulco - la iguana - el café - el béisbol - los mariachis

COMIDA/BEBIDA	MÚSICA/BAILE	DEPORTE	LUGARES	ANIMALES

ÍNDICE

Fachada Universidad de Salamanca, España

IDENTIFICARSE 1

Competencia pragmática

Eres capaz de...

- saludar y presentar a otros
- dar y pedir información personal: nombre, nacionalidad, domicilio y profesión
- confirmar o corregir información y preguntar el significado de una palabra
- preguntar cómo se dice algo en español

Competencia lingüística

Puedes...

- deletrear
- usar signos de puntuación
- distinguir masculino y femenino de nombres y adjetivos
- conjugar los verbos *trabajar, vivir, llamarse* y *ser*, en presente
- usar los interrogativos

Competencia léxica y sociolingüística

Conoces...

- los nombres de las profesiones
- las nacionalidades
- Hispanoamérica

Interactúa

- presentas a estos famosos

RELACIONA FOTOS CON PALABRAS.

a. TOLEDO

b. PROFESORA

c. COLOMBIA

d. ¡HOLA!

¿QUÉ FRASES SON ESPAÑOLAS?

- [ ] Me llamo Isabel.
- [ ] I live in New York.
- [ ] Vivo en Nueva York.
- [ ] Wie geht's?
- [ ] ¿Qué tal?
- [ ] Je m'appelle Isabelle.

1 Lección 1

Eres capaz de... Saludar y dar información personal

En un Congreso Internacional de Estudiantes y Profesores de Español en Cartagena de Indias, Colombia, los participantes se presentan.

¿QUIÉN ES?

ESCUCHA

1. Lee, escucha y relaciona.

1

Camila: ¡Hola! Me llamo Camila.
Eduardo: ¡Hola, Camila!, ¿qué tal?
Camila: Bien, y tú, ¿cómo te llamas?
Eduardo: Me llamo Eduardo.
Camila: ¿De dónde eres, Eduardo?
Eduardo: Soy español. Soy de Toledo. Y tú, ¿eres colombiana?
Camila: Sí, soy de Bogotá.
Eduardo: ¿Y dónde vives? ¿En Bogotá?
Camila: No, vivo en Barranquilla.

Camila (A)

(B) Eduardo

Barranquilla

Toledo

¿DE DÓNDE ERES?

ESCRIBE

2. Lee el contenido de este cuadro y escribe estas informaciones en las casillas correspondientes.

A: ¿Cómo te llamas? **B:** Me llamo Isabel. Isabel Gómez Navarro.	**1.** (Yo) soy **2.** (Tú) eres **3.** (Él/Ella) es	**A:** ¿De dónde eres? **B:** Soy colombiana. Soy de Cartagena.
colombian<u>o</u>	colombian<u>a</u>	**A:** ¿Y dónde vives? **B:** Vivo en Bogotá.

PARA AYUDARTE
Nombre (de pila): Eduardo
Apellidos: López Muñoz

(a) Nombre y apellidos

(b) Nombre

(c) Origen / nacionalidad

(d) Lugar de residencia

(e) Formas del verbo *ser*

(f) Palabra en masculino

(g) Palabra en femenino

NOS PRESENTAMOS

COMUNICA

3. En parejas inventa una personalidad con datos de distintas cajas y pregunta a tu compañero.
¿Cómo te llamas? ¿De dónde eres?
¿Dónde vives?

Nombre: *Me llamo...*
- Manuel/Manuela
- Sara
- Antonio/Antonia
- Claudio/Claudia
- Sergio
- Diego

Nacionalidad: *Soy...*
- mexicano/a
- argentino/a
- español/-a
- estadounidense
- peruano/a
- colombiano/a

Ciudad de origen: *Soy de...*
- Mérida
- Córdoba
- Toledo
- Los Ángeles
- El Callao
- Bogotá

Ciudad de residencia: *Vivo en...*
- México D.F.
- Buenos Aires
- Madrid
- Nueva York
- Lima
- Barranquilla

Parque del Retiro, Madrid

PARA AYUDARTE

CONFIRMAR / CORREGIR INFORMACIÓN

A: ¿Eres colombiana? **B:** Sí, (soy colombiana).
A: ¿Vives en Bogotá? **B:** No, vivo en Barranquilla.

DOS AMIGAS

2

ESCUCHA

4. Lee y escucha a dos personas y confirma o corrige la información sobre ellas.

Alicia: Hola, me llamo Alicia.
Eva: ¡Hola, Alicia! ¿Cuál es tu apellido?
Alicia: Díaz.
Eva: Yo me llamo Eva, Eva Fernández Castaño. Soy de Perú. ¿Y tú?
Alicia: Yo soy de Estados Unidos.
Eva: ¿Dónde vives, Alicia?
Alicia: En Los Ángeles.
Eva: Yo vivo en Lima.

	V	F
a. Alicia y Eva son amigas.	☐	☐
b. Alicia es de Estados Unidos y vive en Los Ángeles.	☐	☐
c. El apellido de Alicia es Fernández.	☐	☐
d. Eva es peruana y vive en Cuzco.	☐	☐
e. Eva tiene dos apellidos.	☐	☐
f. Alicia es estadounidense.	☐	☐

¡OJO!

Los españoles y los hispanoamericanos tienen dos apellidos.
En general, el primero es el del padre y el segundo es el de la madre.

SOY VETERINARIA

3

1. Lee, escucha y responde verdadero o falso.

ESCUCHA

Eduardo: Elisabetta, ¿tú, qué haces?
Elisabetta: Bueno, estudio español y trabajo en un zoo. Soy veterinaria.
Eduardo: ¿Sí? Pues yo soy profesor de español y también estudiante. Estudio italiano en una escuela de idiomas.
Elisabetta: ¿Ah, sí?
...
Elisabetta: Eduardo, te presento a un amigo. Se llama Roberto, Roberto Martínez Galán. Este es Eduardo. Es español, de Toledo. Es profesor de español.
Eduardo: Hola, Roberto. ¿De dónde eres?
Roberto: Soy mexicano. De Mérida.
Eduardo: ¿Y qué haces?
Roberto: Soy periodista.

	V	F
a. Elisabetta estudia italiano.	☐	☐
b. Eduardo trabaja en un zoo.	☐	☐
c. Eduardo es profesor de español.	☐	☐
d. Elisabetta trabaja en una escuela de idiomas.	☐	☐
e. Elisabetta es veterinaria.	☐	☐
f. Eduardo es periodista.	☐	☐
g. No sabemos la profesión de Roberto.	☐	☐

HÁBLAME DE TI

ESCRIBE

2. Relaciona la pregunta con la respuesta.

a. ¿Qué estudias?
b. ¿Dónde trabajas?
c. ¿Estudias o trabajas?
d. ¿Qué haces?

1. Trabajo en un hospital.
2. Soy médico.
3. ¿Yo? Trabajo.
4. Estudio Relaciones Internacionales.

LA PROFESIÓN U OCUPACIÓN

Preguntar por la profesión
¿Tú, qué haces?
¿Qué estudias?
¿A qué te dedicas?
¿Cuál es tu profesión?
¿En qué trabajas?

Decir su profesión u ocupación
Estudio italiano.
Soy veterinaria.

Hablar del lugar de trabajo
Estudio en la universidad.
Trabajo en un zoo.

Universidad Deusto, Bilbao, España

COMUNICA

¿QUÉ HACES?

3. En grupos, A pregunta a B por su profesión: ¿Qué haces?/¿A qué te dedicas?/¿Cuál es tu profesión? B responde con alguna profesión y pregunta a C: Soy veterinario. Y tú, ¿qué haces? C sigue y pregunta a D, etc.

ABOGADO

ARTISTA

DEPENDIENTA

EMPLEADO

Él es...

abogado
artista
dependiente
empleado
médico
periodista
estudiante
profesor
vendedor
veterinario

Ella es...

abogada
artista
dependienta
empleada
médica
periodista
estudiante
profesora
vendedora
veterinaria

Él / Ella...

... trabaja en una escuela/consulta/empresa/un banco.
... estudia en la universidad/en la escuela de...

¡AQUÍ UN AMIGO!

INTERACTÚA

4. Ahora hablamos con otras personas, y les presentamos a un compañero.

Escribe tus datos en un papel. Tu compañero te presenta a otra persona.

Marta Díaz Pérez	Chile/Santiago de Chile
Barcelona	Empleada en un banco

Ejemplo: *Te presento a Marta Díaz Pérez. Es chilena, de Santiago de Chile, y vive en Barcelona. Es empleada, trabaja en un banco.*

MÉDICO

PERIODISTA

ESTUDIANTE

UNA EMPRESA

UN BANCO

PROFESORA

VENDEDOR

VETERINARIA

UNA CONSULTA

UNA ESCUELA

1 Puedes... Distinguir masculino y femenino de nombres y adjetivos, conjuga

Evalúate

Total ____ / 52

GÉNERO DE NOMBRES Y ADJETIVOS

	Masculino	Femenino
terminados en *-o*	*el veterinari**o***	*la veterinari**a***
terminados en consonante	*Él es franc**és**.*	*Ella es franc**esa**.*
con la misma terminación	*el/la periodista* *el/la estudiante* *Él/Ella es iraní.* *Él/Ella es canadiense.*	

1. Completa los adjetivos de nacionalidad en masculino o femenino.

	País	Masculino	Femenino
a.	Japón	japonés	....
b.	Alemania	alemán	....
c.	Francia	....	francesa
d.	Estados Unidos	....	estadounidense
e.	China	chino	....
f.	España	español	....
g.	Grecia	....	griega
h.	Marruecos	marroquí	....
i.	Brasil	brasileño	....
j.	Suecia	....	sueca

/ 10

2. Escribe las terminaciones de género correctas.

Ejemplo: Matías es un abogado mexicano.

a. Ana es una periodist__ española.
b. Luiz Afonso es un profesor brasileñ__.
c. Hiroto es un veterinari__ japonés.
d. Carla es una camarer__ italiana.
e. Diane es una tenist__ estadounidense.
f. Stavros es un pintor grieg__.
g. Sven es un estudiante suec__.
h. Ahmed es un médic__ marroquí.
i. Bing Qing es una artista chin__.
j. Anne es una emplead__ francesa.

VERBOS EN PRESENTE

	TRABAJAR	VIVIR	LLAMARSE	SER
(Yo)	*trabaj**o***	*viv**o***	***me** llam**o***	*soy*
(Tú)	*trabaj**as***	*viv**es***	***te** llam**as***	*eres*
(Él/ella/Ud.)	*trabaj**a***	*viv**e***	***se** llam**a***	*es*
(Nosotros/as)	*trabaj**amos***	*viv**imos***	***nos** llam**amos***	*somos*
(Vosotros/as)	*trabaj**áis***	*viv**ís***	***os** llam**áis***	*sois*
(Ellos/as/Uds.)	*trabaj**an***	*viv**en***	***se** llam**an***	*son*

/ 10

3. Completa con *trabajar, vivir, ser* o *llamarse* en presente.

a. Ella .... Pilar, ... médica y .... en un hospital.
b. Pablo y Laura .... hermanos. .... en Canadá. .... canadienses.
c. - Me presento: .... Sonia, ... en Madrid en una gran empresa, ... de Soria y .... en Segovia.
- ¡.............................. en Segovia y .... en Madrid!
d. Nosotros .... camareros, ... en un restaurante muy conocido.
e. - ¿Y vosotras, de dónde ....?
- .... portuguesas.

/ 16

4. Relaciona las columnas y forma frases.

a. Se	son	argentinos	....
b. Me	trabaja	camarera	....
c. Carmelo y yo	vivimos	en una tienda	....
d. Adrián	es	en La Habana	....
e. Natalia y Sofía	llama	Lola	....
f. Ellos	trabajáis	españolas	....
g. Vosotras	llamo	Pedro	....
h. Manuela	son	en el mismo banco	....

/ 8

5. Lee estas fichas y presenta a estas personas por escrito. Luego, preséntate tú.

INTERROGATIVOS

Preguntar...	
nombre y apellidos	*¿**Cómo** te llamas?*
el significado	*¿**Cómo** se dice?*
por el lugar de residencia	*¿**Dónde** vives?*
por el origen/la nacionalidad	*¿De **dónde** eres?*
por el trabajo	*¿**Qué** haces?*

6. Elige la opción correcta y relaciona cada pregunta con su respuesta.

a. ¿De *dónde/qué* eres? ¿De Cuba?
b. ¿*Cómo/Qué* haces?
c. ¿*Qué/Dónde* trabajas?
d. ¿De *qué/dónde* sois?
e. ¿*Dónde/Cómo* se escribe «veterinaria», con «b» o con «v»?
f. ¿*Cómo/Qué* te llamas?
g. ¿*Qué/Dónde* vives? ¿En Barcelona?
h. ¿*Cómo/Qué* se dice en español *ticket*?

1. No, en Valencia.
2. Billete o tique.
3. Sí, soy cubana.
4. Soy profesor.
5. Alfredo.
6. De Manchester.
7. En un hotel.
8. Con «v».

/ 8

Eres capaz de... Deletrear y puntuar

ESCUCHA

1. El abecedario.

4

a. Escucha y repite el nombre de las letras.

Aa	Bb	Cc	Dd	Ee	Ff	Gg	Hh	Ii	Jj	Kk	Ll	Mm
(a)	(be)	(ce)	(de)	(e)	(efe)	(ge)	(hache)	(i)	(jota)	(ka)	(ele)	(eme)

Nn	Ññ	Oo	Pp	Qq	Rr	Ss	Tt	Uu	Vv	Ww	Xx	Yy	Zz
(ene)	(eñe)	(o)	(pe)	(cu)	(erre)	(ese)	(te)	(u)	(uve)	(uve doble)	(equis)	(i griega o ye)	(zeta)

b. Escucha estas letras y marca en el abecedario las que has oído.

5

¡OJO!
c + *h* se pronuncia *che*.
l + *l* se pronuncia *ye*.

ESCUCHA

2. En el veterinario.

6

Lee, escucha y elige la opción correcta.

Elisabetta: Eduardo, por favor, ¿cómo se dice *cane* en español?

Eduardo: Se dice *perro*.

Elisabetta: ¿Cómo?

Eduardo: *Pe-rro*.

Elisabetta: ¿Cómo se escribe, con una erre o con dos erres?

Eduardo: Con dos.

Elisabetta: *Perro*. ¿Así está bien?

Eduardo: Sí, muy bien. Perfecto.

a. **1.** Elisabetta no sabe cómo se escribe *perro* en español. ☐
2. Elisabetta sabe cómo se escribe *perro* en español. ☐

b. **1.** La palabra se escribe con una erre. ☐
2. La palabra se escribe con dos erres. ☐

ESCRIBE

3. ¿Cómo se dice?

Lee el diálogo y escribe estas informaciones en las casillas que les corresponde.

(a) Preguntar cómo se dice una palabra

(b) Indicar que no se entiende

(c) Preguntar cómo se escribe una palabra

ESCUCHA ESCRIBE

4. ¿Los reconoces?

7

Escucha y escribe los nombres de estas ciudades. Después léelos en voz alta.

(a)

(b)

(c)

(d)

La avenida de la Reforma, México D.F.

COMUNICA **5. Deletrea tú.**

En parejas. Deletrea una palabra que conoces. Tu compañero intenta adivinar de qué palabra se trata.

Ejemplo:
A: Te, erre, u, jota, i, ele, ele, o.
B: Trujillo.
A: Sí, es Trujillo.

Trujillo, España

COMUNICA **6. Tu apellido.**

En parejas. Deletrea tu apellido. Tu compañero lo escribe y lo lee en voz alta. Confirma si está bien.

A: ¿Cómo se escribe tu apellido?
B: Hache, o, ye...

A: Hache, o, ye, o, ese. ¿Es así?
B: Sí, eso es, Hoyos.

ESCRIBE **7. Tu correo electrónico.**

Pregunta a tu compañero su dirección de correo electrónico y escríbela.

COMPAÑEROS DE CLASE	CORREOS
Marion Durand	mdurand@yahoo.fr

@ se dice *arroba*.

PRONUNCIACIÓN Y ORTOGRAFÍA

SIGNOS DE PUNTUACIÓN

- punto (.)
- coma (,)
- signos de interrogación ¿ ... ?
  Al principio y al final de la interrogación.
- signos de exclamación ¡ ... !
  Al principio y al final de la exclamación.

ESCRIBE **1. ¡A puntuar!**

Añade mayúsculas y signos de puntuación en este diálogo.

Eduardo: eres española camila
Camila: no soy colombiana
Eduardo: y qué haces
Camila: soy profesora y tú
Eduardo: yo también
Camila: qué bien

ESCUCHA 8 **2. Entonación.**

Escucha cada frase y di si es una pregunta o una afirmación.

a. Eres español. / ¿Eres español?
b. Se llama Camila. / ¿Se llama Camila?
c. Vive en Cartagena. / ¿Vive en Cartagena?
d. Es de Colombia. / ¿Es de Colombia?

LÉXICO ▶ Conoces... Los nombres de las profesiones y las nacionalidades

OBSERVA 1. Las profesiones.

Adivina y relaciona las fotos con las profesiones.

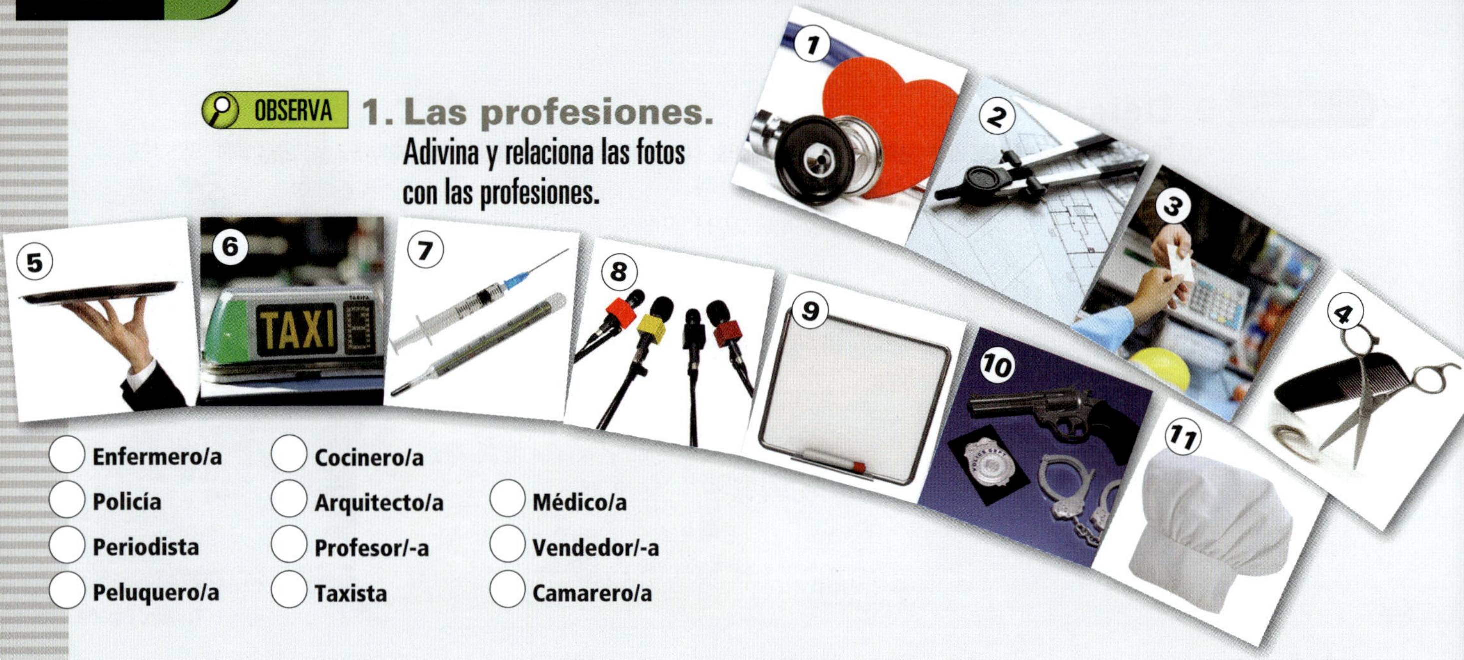

◯ Enfermero/a	◯ Cocinero/a	
◯ Policía	◯ Arquitecto/a	◯ Médico/a
◯ Periodista	◯ Profesor/-a	◯ Vendedor/-a
◯ Peluquero/a	◯ Taxista	◯ Camarero/a

OBSERVA 2. Las profesiones y dónde se practican.

Relaciona las dos columnas.

a. coche	**1.** empleado/a
b. restaurante	**2.** profesor/-a
c. hospital	**3.** taxista
d. bar	**4.** cocinero/a
e. oficina	**5.** camarero/a
f. escuela	**6.** médico/a

HABLA 3. ¿A qué se dedica?

Elisabetta trabaja en un zoológico. Es veterinaria.

a. Marcos trabaja en una peluquería. Es...

b Carmen trabaja en una comisaría. Es...

c. Víctor trabaja en una tienda de coches. Es...

d. Julia trabaja en un periódico. Es...

e. Manuel y María trabajan en un hospital, no son médicos. Son…

f. Trabajo en una oficina. Soy...

ESCRIBE 4. ¿País o nacionalidad?

Ordena en dos columnas cada país con su nacionalidad y escribe la nacionalidad en femenino.

Perú, venezolano, Argentina, peruano, Venezuela, España, Italia, nicaragüense, español, argentino, Nicaragua, italiano, Portugal, Inglaterra, portugués, inglés

	PAÍS	NACIONALIDAD
a		
b		
c		
d		
e		
f		
g		
h		

ESCUCHA

1. ¿Quién es quién? 9

a. Escucha las entrevistas a tres personas. Relaciona cada una con una foto y escribe el nombre de la persona.

....

....

....

b. Ahora escucha otra vez y rellena el cuadro con los datos correspondientes.

	1	2	3
NOMBRE Y APELLIDOS			
NACIONALIDAD			
CIUDAD			
PROFESIÓN			

ESCRIBE

2. La tarjeta de identificación.

Lee la tarjeta del Congreso de Español, y escribe otra tarjeta con tus datos.

A1 DELE

interactúa — Presentas a estos famosos

Mira las fotos de estos famosos y preséntalos a la clase.

a 
b 
c 
d 

NOMBRES Y APELLIDOS	PROFESIONES	PAÍS	CIUDAD DE RESIDENCIA
Shakira	Cantante	México	Barcelona
Gael García Bernal	Actor, actriz	Colombia	Palma de Mallorca
Cameron Díaz	Deportista	Estados Unidos	México D.F.
Rafael Nadal		España	Nueva York

A1 DELE

CONOCES...

Hispanoamérica

LEE **Sobre Hispanoamérica.**

Lee el cuadro y el texto y contesta las preguntas.

PAÍSES AMERICANOS DONDE SE HABLA ESPAÑOL			
País	Población (millones)	Extensión (1 000 km²)	Capital
Argentina	41	2 780	Buenos Aires
Belice	0,3	22	Belmopán
Bolivia	10	1 098	Sucre
Chile	17	756	Santiago de Chile
Colombia	45	1 141	Bogotá
Costa Rica	4,5	51	San José
Cuba	11,5	110	La Habana
República Dominicana	10	48	Santo Domingo
Ecuador	14	283	Quito
El Salvador	7	20	San Salvador
Guatemala	14,5	108	Ciudad de Guatemala
Honduras	8	112	Tegucigalpa
México	110	1 972	Ciudad de México
Nicaragua	6	129	Managua
Panamá	3,5	78	Ciudad de Panamá
Paraguay	7	406	Asunción
Perú	30	1 285	Lima
Puerto Rico	4	9	San Juan
Uruguay	3,5	176	Montevideo
Venezuela	28,5	916	Caracas
Hispanoamérica	**380 millones**	**Total: 12 004 512 km²**	Wikipedia

Hispanoamérica es una región cultural integrada por los estados americanos de habla hispana. Una persona de esa región es «hispanoamericana».

Son 20 países con una población de 380 millones de habitantes. El español es el idioma oficial o cooficial, aunque hay comunidades indígenas que hablan su lengua propia: el guaraní, aymara, quechua, náhuatl, maya, etc.

El español no es idioma oficial en Belice, pero es el idioma más utilizado. En Puerto Rico es cooficial con el inglés, aunque el español es el más utilizado.

a. ¿Qué país tiene más hispanohablantes?
b. ¿Qué país de Hispanoamérica es el más grande?
c. ¿Cuál es la capital de Ecuador? ¿Y la de Venezuela?
d. Nombra una o dos lenguas indígenas que se hablan junto con el español.
e. Di los nombres de dos países donde se habla español junto con otra lengua.

Torres del Paine, Patagonia, Chile

Cataratas de Iguazú, Argentina-Brasil

PRIMER CONTACTO 2

Competencia pragmática

Eres capaz de...

- presentar e identificar a otros
- saludar de manera formal e informal
- dar y pedir el número de teléfono

Competencia lingüística

Puedes...

- formar el plural de nombres y adjetivos
- utilizar los adjetivos posesivos (I)
- utilizar los pronombres demostrativos
- conjugar verbos regulares *-AR*, *-ER*, *-IR* en presente

Competencia léxica y sociolingüística

Conoces...

- los nombres de profesiones y sus herramientas
- los saludos y las despedidas
- los números de 0 a 10
- España

Interactúa

- entrevistas a unos clientes

MIRA ESTAS TRES ESCENAS Y RELACIÓNALAS CON LOS DIÁLOGOS.

a.

- Salma Hayek es actriz. Es mexicana. Vive en Estados Unidos.

b.

- Hola, María. Te presento a Ana.
- Hola, Ana.
- Hola, María.

c.

- ¿Cuál es tu número de teléfono?
- Es el 679020135.

2 Lección 1

Eres capaz de... Presentar e identificar a otros

Después de las clases, Eduardo presenta sus compañeros de italiano a su mejor amiga.

ENTRE COMPAÑEROS

1. Escucha y rellena los huecos con estos verbos. 10 ESCUCHA

estudian, somos (2), son, trabajamos, viven, vivimos, es, trabajan

PARA AYUDARTE

PREGUNTAR POR LA IDENTIDAD

A: ¿Quién eres? (1 persona) **B:** Soy Alejandro.

A: ¿Quiénes son esos chicos? (2 o más personas) **B:** Son mis amigos.

Eduardo: ¡Hola! Te presento a unos compañeros de clase: este es Carlos. Es ingeniero.
Carlos y yo .... de Toledo, pero .... y .... en Madrid.

Carlos: ¡Hola!

Eduardo: Esta es Nuria. .... de Barcelona y vive en Barcelona. Es abogada. Nuria y yo .... muy amigos.

Nuria: ¿Qué tal?

Eduardo: Estos son Juana y Francisco. Son chilenos, de Santiago, pero ahora .... y .... en Madrid. Son periodistas.

Juana y Francisco: Encantada/Encantado.

Eduardo: Estas son Isabel y Mercedes. .... argentinas, de Buenos Aires. .... alemán e italiano en la Escuela Oficial de Idiomas de Madrid. Trabajan en un restaurante.

Isabel y Mercedes: ¡Hola!

¿TIENES BUENA MEMORIA?

INTERACTÚA

2. En parejas, cierra el libro. A formula una de las preguntas a B sobre el diálogo anterior, y B responde. Luego se cambian de papel.

a. ¿Quién es ingeniero?

b. ¿Quiénes son periodistas?

c. ¿Quiénes estudian alemán e italiano?

d. ¿Quiénes son argentinas?

e. ¿Quién es abogada?

¿DE DÓNDE SON Y QUÉ HACEN?

3. Completa el cuadro con la información. ESCRIBE

	Nacionalidad	Origen	Residencia	Trabajo	Estudios
CARLOS					——
NURIA					——
JUANA Y FRANCISCO					——
ISABEL Y MERCEDES					

LES PRESENTAMOS

COMUNICA

4. En parejas. Mira las fotos y presenta a estas personas.

① y ② Gabriela Mistral e Isabel Allende
③ Penélope Cruz y Javier Bardem
④ y ⑤ Ricky Martin y Chayanne
⑥ y ⑦ Dilma Rousseff y Cristina Fernández

- actores españoles
- escritoras chilenas
- presidentas latinoamericanas
- cantantes puertorriqueños

PRESENTAR A ALGUIEN

	Singular	Plural
Masculino	este	estos
Femenino	esta	estas

Ejemplo: Estos son...
Los dos son...

¡A PRESENTARNOS!

INTERACTÚA

5. En grupos. Cada alumno prepara una tarjeta con un nombre hispano y escribe su nacionalidad, profesión y lugar de residencia. En grupos, los alumnos se presentan unos a otros.

Ejemplo

Me llamo Lola. Soy de Valencia, pero vivo en Barcelona. Soy estudiante.
Esta es Lola. Es de Valencia, pero vive en Barcelona. Es estudiante.

Nombres hispanos

María	Paco
Nuria	Ramón
Lola	Pablo
Carmen	Nicolás
Merche	Miguel

Eres capaz de... Saludar de manera formal e informal

Dos conversaciones en la escuela.

EN LA ACADEMIA DE IDIOMAS

11

ESCUCHA

1. Escucha estos dos diálogos y contesta.

a. ¿En cuál habla con un compañero y en cuál habla con su jefe y una cliente?
En el diálogo 1..
En el diálogo 2..

b. ¿Qué trabajo tiene la compañera de Eduardo?
....

c. ¿Cómo se llama el jefe de Eduardo?
....

Lenguaje informal	Lenguaje formal
¡Hola! / ¿Qué tal? ¿Cómo estás?	¿Cómo está (usted)? Mucho gusto / Encantado/a
tú / vosotros/as	usted / ustedes
tú eres / estás / vives vosotros/as sois / estáis / vivís	usted es / está / vive ustedes son / están / viven

¿FORMAL O INFORMAL?

LEE

2. Lee las conversaciones de Eduardo y escribe los verbos en los huecos.

estar, hablar, ser, vivir

Eduardo: Hola, ¿cómo ....?
.... la nueva compañera de trabajo, ¿verdad?
Irene: Sí, soy Irene. ¿Qué tal?
Eduardo: ¿.............................. profesora de español?
Irene: No, soy profesora de inglés.
Eduardo: ¿Y .... aquí en Madrid?
Irene: Sí, estudio también en la universidad.
Eduardo: ¿.............................. otros idiomas?
Irene: Hablo solo francés.

estar, ser, vivir

Eduardo: Buenos días, don Carlos. Esta es la señora Moratti, Elisabetta Moratti.
Carlos: Mucho gusto.
Elisabetta: ¡Buenos días! ¿.............................. usted el director de la academia?
Carlos: Sí, soy Carlos García del Valle.
.... usted italiana, ¿verdad?
Elisabetta: Sí, de Milano. En español, Milán.
Carlos: ¿Y .... usted de vacaciones o .... en España?
Elisabetta: Vivo aquí, trabajo en un zoo.

PARA AYUDARTE

TÚ (INFORMAL)	USTED (FORMAL)	RESPUESTAS
¿Cómo te llamas (tú)?	¿Cómo se llama (usted)?	Me llamo Irene.
¿Dónde vives?	¿Dónde vive?	Vivo en Madrid.
¿Cuál es tu dirección?	¿Cuál es su dirección?	Calle Mayor, 3.

¡OJO!
Si una persona te llama de *usted*, hazlo tú también.

¿QUÉ DICE? OBSERVA

3. Si te dice alguien estas frases, ¿te llama de *tú* o de *usted*?

Tú	Usted

a. ¿Es española?
b. ¿Habla español?
c. ¿Dónde trabajas?
d. Te llamas Mike, ¿verdad?
e. ¿Vives en México?
f. Su pasaporte, por favor.
g. ¿Eres estudiante?
h. ¿A qué se dedica?

¿DE *TÚ* O DE *USTED*? COMUNICA

4. En parejas: lee estas situaciones y decide si es mejor usar *tú* o *usted*.

a. Laura Cantero, de 19 años, habla con Rubén Vaquero, un compañero de clase de 30 años. Se conocen, pero no son amigos.

b. Roberto Martínez, de 30 años, habla con un dependiente de una tienda.

c. Camila, de 27 años, habla con un cliente de su empresa.

d. Alicia habla con su abuelo.

«PEGANDO LA OREJA» ESCUCHA

12

5. Escucha estas conversaciones y di si la gente se llama de *tú* o de *usted*.

	Tú	Usted
a.		
b.		
c.		

– Di en qué conversación...

	a	b	c
1. una persona se presenta.	☐	☐	☐
2. dos personas hablan por teléfono.	☐	☐	☐
3. una persona visita a otra en su despacho.	☐	☐	☐

¡A SEGUIR EL HILO! INTERACTÚA

6. En parejas y por turno, A empieza una conversación, empleando *tú* o *usted*, y B tiene que continuar con el mismo tratamiento. En la conversación hay que:

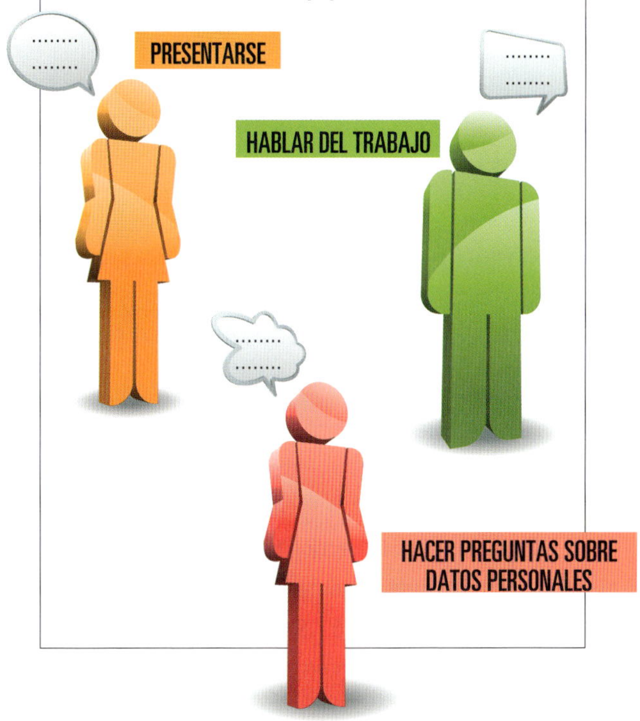

Evalúate

Total ____ / 45

EL PLURAL DE LOS NOMBRES Y DE LOS ADJETIVOS

Singular	Plural
compañero – compañera	*compañer**os** – compañer**as***
*café – caf**és***	
profesor – profesora	*profesor**es** – profesor**as***
*iraní – iran**íes***	
*rey – rey**es***	

1. Completa el cuadro con palabras en singular o plural.

Ejemplo:

Singular	Plural
taxista	*taxistas*
escultor	*escultores*

	Singular	Plural		Singular	Plural
a.	griego	....	**f.**	....	profesoras
b.	....	ingenieras	**g.**	marroquí	....
c.	cantante	....	**h.**	pintora	....
d.	alumna	....	**i.**	danés	....
e.	camarero	....	**j.**	....	polacas

/ 10

2. Rellena los huecos con las palabras adecuadas.

a. Los habitantes de Dinamarca se llaman ....

b. Los .... de esta clase son todos extranjeros. Vienen aquí a estudiar español.

c. Las .... de este restaurante son muy amables.

d. Voy de vacaciones a las islas ....

e. Las .... de este curso son muy buenas. Enseñan muy bien.

f. Las .... de este grupo tienen una voz muy bonita.

/ 6

ADJETIVOS POSESIVOS (I)

Se utiliza la misma forma para masculino y femenino.

Ejemplo: *Mi amigo, mi amiga. Tu amigo, tu amiga. Su amigo, su amiga.*

	1.ª persona (Yo)	2.ª persona (Tú)	3.ª persona (Él/ella)
Singular (una persona/cosa)	***mi***	***tu***	***su***
Plural (varias personas/cosas)	***mis***	***tus***	***sus***

3. Elige la forma adecuada del posesivo.

a. Tatiana es rusa. *Tu/Su* país es Rusia.

b. Trabajo en un hospital. *Mi/Su* profesión es médico.

c. Os presento a *mi/mis* amigos, se llaman Alfredo y Pedro.

d. - Oye, María, ¿cuál es *su/tu* dirección de correo electrónico?
- *Su/Mi* dirección de correo electrónico es maria@gmail.com

e. - Señora, por favor, ¿me puede decir *su/tu* número de teléfono móvil?
- Sí, es el 659191867.

f. ¿Son españoles *tu/tus* compañeros de clase?

/ 7

LOS PRONOMBRES DEMOSTRATIVOS	Singular	Plural
Masculino	***este***	***estos***
Femenino	***esta***	***estas***

4. Relaciona cada demostrativo con la frase adecuada.

a. Este
b. Esta
c. Estos
d. Estas
e. Este
f. Esta

1. es Alicia. Es amiga mía.
2. son David y Javier. Son compañeros de clase.
3. es Antonio. Es profesor de español en Brasil.
4. es Jaime. Es médico.
5. es María. Trabaja en un banco.
6. son Sofía y Laura. Son periodistas.

/6

VERBOS REGULARES *-AR, -ER, -IR* EN PRESENTE

	verbos en *-ar*	verbos en *-er*	verbos en *-ir*
	ESTUDIAR	VENDER	ESCRIBIR
(Yo)	*estudi**o***	*vend**o***	*escrib**o***
(Tú)	*estudi**as***	*vend**es***	*escrib**es***
(Él/ella/Ud.)	*estudi**a***	*vend**e***	*escrib**e***
(Nosotros/as)	*estudi**amos***	*vend**emos***	*escrib**imos***
(Vosotros/as)	*estudi**áis***	*vend**éis***	*escrib**ís***
(Ellos/as/Uds.)	*estudi**an***	*vend**en***	*escrib**en***

Se utiliza

- *Ustedes* siempre en lugar de *vosotros* en gran parte de Hispanoamérica y en las islas Canarias (España). El verbo va en tercera persona del plural.

  Ustedes son muy amables.

- *Vos* en lugar de *tú* en Argentina, Uruguay, Paraguay y en algunas zonas de Centroamérica. La forma verbal es distinta.

  Vos sos muy amable.

5. Completa las frases con el verbo correcto en la forma adecuada.

a. Elena y yo .... en Managua, ... en un hospital y todos los días .... en un restaurante (trabajar, comer, vivir).

b. Luis y Manolo van a una academia de idiomas, allí .... inglés: .... y .... textos y .... diálogos en clase (leer, estudiar, escribir, escuchar).

c. Mi amiga Eva es vendedora. .... coches cerca de la costa Brava. Allí .... muchos extranjeros, sobre todo franceses. Por eso trabaja allí porque .... francés (vivir, hablar, vender).

d. Lucía y Paco .... muchos cómics. .... uno o dos a la semana. A veces .... los antiguos a sus amigos (comprar, vender, leer).

e. Estos compañeros de trabajo .... norteamericanos. .... en una compañía española y .... español por las tardes en la universidad (estudiar, trabajar, ser).

/16

RECURSOS ▶ Eres capaz de... Dar y pedir el número de teléfono

ESCUCHA 13

1. Números del 0 al 9.

Escucha 10 frases en las que se dicen los números del 0 al 9. Escribe las palabras del recuadro en su sitio. Las fotos te ayudarán.

dos
cinco
nueve
siete
ocho
cero
tres
uno
cuatro
seis

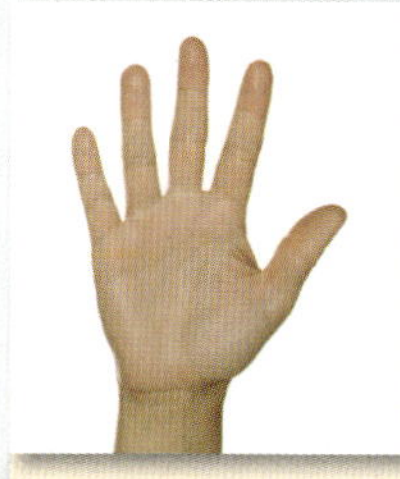

ESCUCHA ESCRIBE 14

2. Los resultados deportivos.

Escucha las noticias deportivas. Apunta los resultados.

Fútbol:

a. Argentina ...., Paraguay ....

b. Estados Unidos ...., Costa Rica ....

Waterpolo:

c. Brasil: ...., Panamá ....

d. Chile ...., Ecuador ....

Tenis:

e. primer set: ....

f. segundo set: ....

COMUNICA ESCRIBE

3. ¿Cuál es tu teléfono?

En grupos. Cada alumno dice su número de teléfono y los demás lo anotan. Al terminar, lo repiten para comprobar.

Ejemplo: Mi número de teléfono es el 609 17 81 45.

INTERACTÚA

4. ¡Emergencias!

Apunta los números de teléfono de servicio público que conoces (emergencia, información, etc.). Dilos en voz alta. Tu compañero los anota.

Cada palabra tiene una sílaba tónica o acentuada. Esta se pronuncia más fuerte que las otras (no tiene que ser más larga ni de tono más alto).

PRONUNCIACIÓN Y ORTOGRAFÍA

ESCUCHA 15

1. La sílaba acentuada.

Escucha y subraya la sílaba acentuada en estas palabra.

tra-ba-jar	tra-ba-jo	te-lé-fo-no	bi-ci-cle-ta
sie-te	us-ted	di-rec-ción	es-toy
es-tás	e-res	me-xi-ca-no	Mé-xi-co

LEE

2. Pronunciación.

Ahora lee estas palabras y pronúncialas.

estudiante – camarera – español – verdad – médico

LEE OBSERVA

1. ¿Qué hacen?

Lee estas definiciones y escribe debajo de cada imagen el nombre de la profesión.

a. El escritor/La escritora escribe libros.
b. El secretario/La secretaria escribe cartas.
c. El/La recepcionista trabaja en la entrada de un hotel.
d. El/La cantante canta canciones.
e. El actor/La actriz actúa en el cine o en el teatro.
f. El panadero/La panadera hace pan.
g. El cajero/La cajera trabaja en un supermercado.
h. El pintor/La pintora pinta cuadros.
i. El cartero/La cartera entrega cartas.
j. El frutero/La frutera vende frutas.

COMUNICA

2. Mis herramientas de trabajo.

¿Cuáles de estas profesiones utilizan las siguientes herramientas?

a. Internet ....
b. El ordenador ....
c. El teléfono ....
d. El fax ....
e. El dinero/Las tarjetas de crédito ....
f. Los libros electrónicos ....
g. El papel ....
h. La calculadora ....

LEE

3. Saludar durante el día.

a. Lee la información.

Se utiliza **Buenos días** como saludo cuando uno se levanta hasta la hora de comer, más o menos a las 14:00.

Se utiliza **Buenas tardes** como saludo después de la comida y hasta la hora de la cena, más o menos a las 21:00.

Se utiliza **Buenas noches** como saludo cuando ya es de noche, o como despedida justo antes de irse a la cama.

Se usan tanto para conversaciones formales como informales.

OBSERVA

b. Relaciona cada reloj con una foto y escribe el saludo adecuado.

Se utilizan **adiós** o **hasta luego** como despedidas antes de irse.

OBSERVA ESCRIBE

4. Buenos días.

Mira las fotos y completa los diálogos con los saludos o las despedidas adecuados.

a. ¡Las doce ya, qué tarde! ...., me voy a la cama.

b. En la taquilla del cine: ...., dos entradas para la sesión de las siete, por favor.

c. Camarero del hotel: ...., ¿té o café para desayunar, señores?

d. ¡..............................! Nos vemos esta tarde en casa.

e. ¡Hola, ...! El periódico, por favor.

f. En un restaurante: .... Tenemos una reserva para las diez.

g. - .... ¿Está abierto el supermercado?
- No, ya está cerrado. Son las ocho de la tarde.

h. Buen viaje. ¡..............................!

LEE ESCRIBE

A1 DELE

1. Alba y José Manuel.

a. Lee este correo de Alba y escribe los datos de Marta en la ficha.

Contactos de Alba

A: Cc: Cco:

Nombre	
Apellidos	
Nacionalidad	
Profesión	
Empresa	
Lugar de residencia	
Idiomas	

Mensaje nuevo

Enviar Chat Adjuntar Agenda Tipo de letra Colores Borrador Navegador de fotos Mostrar plantillas

De: Alba
Para: José Manuel
Cc:
Asunto: Mi amiga Marta

¡Hola! Hoy quiero escribirte sobre mi amiga Marta.

Se llama Marta Perea Lipiani, es de Uruguay, pero vive en España, en Sevilla. Es ingeniera y trabaja en una empresa de construcción. Habla inglés y un poco de francés. Somos compañeras de clase de francés.

b. Escribe un correo sobre una persona que conoces y mándaselo a un compañero.

ESCUCHA COMUNICA

16

2. Una visita sorpresa.

Escucha esta conversación entre Alba y José Manuel y responde a las preguntas.

a. ¿Dónde están Alba y José Manuel?
b. ¿A qué se dedica Alba? ¿Y José Manuel?
c. ¿Es este el teléfono de José Manuel: 632 54 19 70? Si no es correcto, apunta el teléfono correcto.
d. ¿Quién trabaja para una empresa francesa?
e. ¿Cuándo trabaja Alba?

interactúa

Entrevistas a unos clientes

A1 DELE

a. En parejas, entrevista a tu compañero, le hablas de *usted*. Escribe los datos en esta ficha. Cada alumno inventa sus datos.

b. Ahora se forman grupos de cuatro (dos parejas). Cada miembro presenta a su compañero dando la información de la ficha. Seguimos con el tratamiento de *usted*.

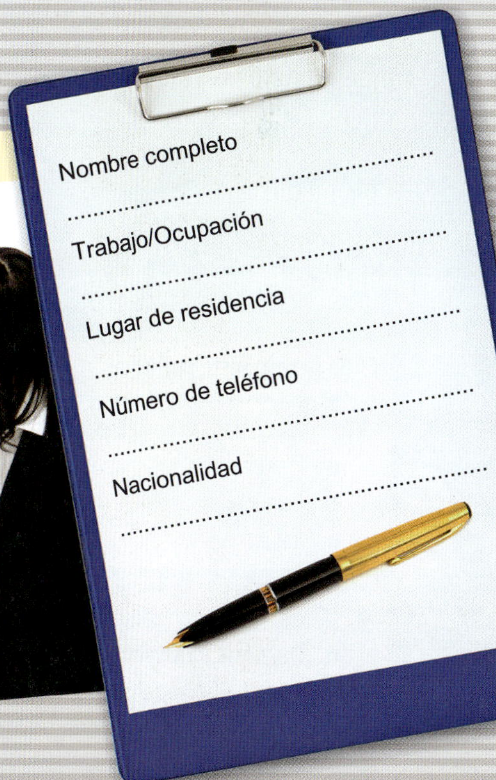

CONOCES...

España

LEE **Sobre España.**

Lee el texto y contesta las preguntas.

España es una nación miembro de la Unión Europea. Es una monarquía parlamentaria, su capital es Madrid, se sitúa en la península ibérica. Pertenecen a España las islas Baleares (en el mar Mediterráneo), las islas Canarias (en el océano Atlántico), así como las ciudades autónomas de Ceuta y Melilla situadas en el norte de África. Tiene una extensión de 504 645 km², es el cuarto país más grande del continente, después de Rusia, Ucrania y Francia. Es uno de los países más montañosos de Europa con una altitud media de 650 metros. Su población es de casi 50 millones de habitantes.

El castellano o español es la lengua oficial del país. Existen otras lenguas cooficiales en algunas autonomías: el catalán en Cataluña, el euskera en el País Vasco y el gallego en Galicia.

Tiene fronteras terrestres con Francia y el Principado de Andorra al norte, con Portugal al oeste y con Gibraltar al sur. Ceuta y Melilla comparten fronteras terrestres y marítimas con Marruecos.

España está constituida por 17 comunidades autónomas. Hoy en día, es uno de los países europeos más descentralizados: cada autonomía administra su propio sistema de salud y de educación.

Adaptado de Wikipedia

A1 DELE

Elige la respuesta correcta:

1. ¿Con qué país no tiene España frontera?
- **a.** Francia.
- **b.** Portugal.
- **c.** Italia.

2. España es el cuarto país más .... de Europa:
- **a.** rico
- **b.** pequeño
- **c.** grande

3. ¿Es España un país montañoso?
- **a.** Sí, uno de los más montañosos de Europa.
- **b.** No, es poco montañoso.
- **c.** Tiene montañas, pero solo en el norte.

4. ¿Cómo está organizado el Estado español?
- **a.** De forma muy centralizada.
- **b.** Con comunidades autónomas, de forma descentralizada.
- **c.** En algunas partes de forma centralizada, en otras de forma autónoma.

5. Compara España con tu país. ¿Cuál...
- **a.** ... es más grande?
- **b.** ... tiene más habitantes?
- **c.** ... tiene fronteras con más países?

Faro de Cavallería, Menorca, España.

La Alhambra, Granada, España

RELACIONES FAMILIARES

3

Competencia pragmática

Eres capaz de...

- hablar de tu familia
- describir a una persona
- preguntar y decir la edad

Competencia lingüística

Puedes...

- utilizar los artículos determinados
- hacer la concordancia nombre adjetivo
- utilizar los adjetivos posesivos (II)
- conjugar algunos verbos irregulares en presente: *tener, salir* y *hacer*

Competencia léxica y sociolingüística

Conoces...

- los números de 10 a cien
- los nombres de la familia
- el estado civil
- los adjetivos calificativos de descripción física y de carácter
- la familia en España y en México

Interactúa

- describes a un familiar

MIRA ESTA FOTO, LEE ESTAS TRES FRASES Y MARCA LA FRASE CORRECTA.

1. Este es mi hermano. Se llama Leo. ☐
2. Tiene veinte años. ☐
3. Es alta y morena. Tiene el pelo corto. ☐

RELACIONA ESTAS FRASES CON SU FINALIDAD.

1. Esta es mi hermana. Se llama Irene.
2. Tiene veinte años.
3. Es alta y rubia. Tiene el pelo largo.

a. Decir la edad.
b. Describir cómo es una persona.
c. Hablar de la familia.

TE PRESENTO A MI FAMILIA

LEE

1. Lee, identifica a cada persona y escribe su nombre al lado de la letra correspondiente.

Amigos - Red social | Amigos | Aplicaciones | Mensajes | Inicio | Buscar

Muro | Información | Fotos

Hola a todos. Esta es una foto de mi familia: mi padre, mi madre, mi hermano pequeño Javier y yo. Mi padre se llama José y mi madre, Mara. Son muy guapos, ¿verdad?

En esta otra foto están mis tíos Juan Manuel y Natalia, Natalia es la hermana de mi madre. Tienen dos hijos: mis primos Rodrigo y Arantxa. Mi prima Arantxa es una niña muy simpática, jugamos mucho juntas. Somos como hermanas.

¿Me contáis algo de vuestra familia?

¡Hasta luego!

Virginia

a. Virginia

b. ....

c. ....

d. ....

e. ....

f. ....

g. ....

h. ....

PARA AYUDARTE

El padre + la madre = los padres
El hijo + la hija = los hijos
El tío + la tía = los tíos
El hermano + la hermana = los hermanos

Usamos la forma del masculino para referirnos a varias personas de diferentes sexos.

ESCRIBE

¿QUIÉNES SON?

2. Completa las frases con la opción correcta.

a. Mis .... Ana y María estudian Medicina; yo, Veterinaria. (hermanos/hermanas)

b. Tengo tres ....: Luis, Ana y María. (hijos/hijas)

c. Mis .... María y Natalia viven en Madrid. (hijos/hijas)

d. Estos son mis .... (padres/madres)

e. Los .... (hijos/hijas) de mis .... (tíos/tías) son mis .... (primos/primas)

f. Somos los .... (abuelos/abuelas) de Javier, Virginia, Rodrigo y Arantxa. Tenemos cuatro .... (nietos/nietas)

OBSERVA ESCRIBE

LA FAMILIA DE MARA

3. Completa el árbol genealógico de Mara con las palabras adecuadas.

hombre	mujer
padre	madre
marido	mujer
hijo	hija
hermano	hermana
cuñado	cuñada
sobrino	sobrina

¿QUÉ PARENTESCO TIENEN?

ESCRIBE

4. Mira el árbol de Mara y escribe frases como la del ejemplo.

Ejemplo:
Mara / José
Mara es la mujer de José.

a. Natalia y Juan Manuel / Javier ....
b. Virginia / José y Mara ....
c. Teresa / Natalia y Mara ....
d. Rodrigo / Mara ....
e. Virginia y Javier / Rodrigo y Arantxa ....
f. Natalia / Mara ....

OBSERVA **ESCRIBE**

HABLAN DE SU FAMILIA

5. Completa las frases con el posesivo adecuado.

PARA AYUDARTE	INDICAR POSESIÓN			
1.ª persona plural	nuestro padre	nuestra madre	nuestros hermanos	nuestras hermanas
2.ª persona plural	vuestro padre	vuestra madre	vuestros hermanos	vuestras hermanas
3.ª persona plural	su tío	su tía	sus tíos	sus tías

ESCRIBE

VUESTRAS FAMILIAS

6. En parejas, pon tu nombre en este árbol. Al lado, escribe los nombres de las personas para completar estas casillas.
A pregunta por un nombre y B contesta, A escribe ese nombre en el lugar adecuado, B confirma si está bien.

Ejemplo: - *¿Quién es Jeanne?*
- *Es la hermana/hija de...*

Eres capaz de... Describir una persona

Pedro conoce a Carmen por Internet y deciden tener una cita a ciegas en la cafetería de la estación de Atocha. Hablan por teléfono.

CITA A CIEGAS

ESCUCHA 17

1. a. Escucha el diálogo y subraya las palabras que escuchas.

17 A1 DELE

b. Escucha otra vez y elige la opción correcta.

1. Pedro tiene el pelo:
- **a.** corto y rubio
- **b.** largo y rubio
- **c.** corto y moreno

2. Pedro:
- **a.** lleva barba
- **b.** lleva bigote
- **c.** no lleva ni barba ni bigote

3. Carmen tiene el pelo:
- **a.** largo, liso
- **b.** corto, rizado
- **c.** largo, rizado

4. Pedro:
- **a.** lleva gafas
- **b.** no lleva gafas
- **c.** lleva gafas solo para leer

5. Carmen tiene los ojos:
- **a.** azules
- **b.** verdes
- **c.** marrones

6. Carmen es:
- **a.** alta
- **b.** baja
- **c.** ni alta, ni baja

Estación de Atocha, Madrid

OBSERVA **c.** Mira las seis fotos e identifica a Carmen y a Pedro. A1 DELE

1 ☐ 
2 ☐ 
3 ☐ 
4 ☐ 
5 ☐ 
6 ☐ 

COMUNICA **d.** Ahora, cuenta cómo es Pedro y cómo es Carmen.

Pedro tiene el pelo…
Carmen es…

VERBOS IRREGULARES			
	TENER	SALIR	HACER
(Yo)	***tengo***	***salgo***	***hago***
(Tú)	*tienes*	*sales*	*haces*
(Él/ella/Ud.)	*tiene*	*sale*	*hace*
(Nosotros/as)	*tenemos*	*salimos*	*hacemos*
(Vosotros/as)	*tenéis*	*salís*	*hacéis*
(Ellos/as/Uds.)	*tienen*	*salen*	*hacen*

Estos verbos tienen la misma irregularidad.
La primera persona singular de estos tres verbos acaba en **–go**.

3. Completa las frases con *tener, salir* o *hacer* en la forma correcta.

a. Yo nunca .... de lunes a jueves.
b. Yo .... el pelo corto, ¿y tú, cómo lo .... ?
c. ¿Vosotros con quién .... los fines de semana?
d. El sábado, yo .... cosas interesantes.
e. Mi hermano .... una fiesta para su cumpleaños.
f. Somos tres hermanos, pero no .... primos.
g. - ¿Qué ....?
- Yo soy camarero. Trabajo en un bar.
h. - ¿Vosotros .... amigos aquí?
- Sí, ... con ellos todos los días.

/ 10

ADJETIVOS POSESIVOS (II)

UN SOLO POSEEDOR
Se utiliza la misma forma para masculino y femenino

	1.ª persona (Yo)	2.ª persona (Tú)	3.ª persona (Él/ella/Ud.)
Singular (una persona/cosa)	***mi***	***tu***	***su***
Plural (varias personas/cosas)	***mis***	***tus***	***sus***

VARIOS POSEEDORES

	1.ª persona (Nosotros/as)	2.ª persona (Vosotros/as)	3.ª persona (Ellos/ellas/Uds.)
Singular (una persona/cosa)	***nuestro/nuestra***	***vuestro/vuestra***	***su***
Plural (varias personas/cosas)	***nuestros/nuestras***	***vuestros/vuestras***	***sus***

4. Completa con el adjetivo posesivo correspondiente.

Andrés le enseña fotos de familia a Susana.
Susana: ¿Quién es ese?
Andrés: ¿No lo conoces? Es .... primo Luis, el hijo de .... tíos Ana y Pablo.
Susana: ¿Y estos son .... padres?
Andrés: Sí, claro, el día de la boda.
Susana: ¡Qué jóvenes! ¿Y no tienes una foto de .... hermana María?
Andrés: Sí, aquí está .... hermana María con .... muñeca preferida.

El señor García habla de su empresa con un periodista.
- Señor García, ¿todos .... hijos trabajan en .... empresa?
- No, solo los dos mayores y .... mujeres.

María y Vicente enseñan su casa a una amiga.
- María y Vicente, ¿esta es .... casa?
- Sí, esta es .... casa, y te presentamos a .... hijos: .... hija Inés y .... hijo Diego.

/ 14

ESCUCHA ESCRIBE 19

1. Del 10 al 20.

Escucha y marca los números que oyes. Ahora, escríbelos en letra.

☑ diez ☐ veinte ☐ diecisiete
☐ quince ☐ catorce ☐ once
☐ dieciséis ☐ trece ☐ diecinueve
☐ dieciocho ☐ doce

10 .... 12 .... 14 .... 16 .... 18 .... 20 ....
11 .... 13 .... 15 .... 17 .... 19 ....

¿Qué 5 números acaban con las mismas letras? ....

¿Qué 4 números empiezan igual? ....

ESCRIBE

2. Con números.

Completa las líneas de puntos con el número adecuado.

a. Tenemos .... dedos en las manos.
b. Un equipo de fútbol tiene .... jugadores.
c. Entre manos y pies tenemos .... dedos.
d. .... días son aproximadamente medio mes.
e. A los .... años una persona es mayor de edad en muchos países.
f. En España hay .... comunidades autónomas.
g. En .... países americanos la lengua oficial es el español.

ESCUCHA ESCRIBE 20

3. De veinte a cien.

Escucha y completa los números.

20 veinte
21 veintiuno
30 tre_ _ _ _
32 treinta y dos
40 _ _ _ renta
49 cuarenta y nueve
50 cincu_ _ _ _
60 sesenta
70 setenta
80 _ _ _enta
90 noventa
100 cien

HABLAR DE LA EDAD

- ¿Qué edad tienes? ¿Cuántos años tienes?
- Tengo veintisiete años.

ESCRIBE

4. ¿Qué edad tienen?

Escribe frases como en el ejemplo.

a. María: 47
María tiene cuarenta y siete años.
b. Ignacio: 89
....
c. José Luis: 61
....
d. Lorena: 22
....
e. Marta: 50
....
f. David: 75
....

ESCUCHA ESCRIBE 21

5. ¿Cuántos años tienes?

Escucha y escribe en cifras las edades de estas personas.

a. Ramón: .... **b.** Teresa: ....
c. Pedro: .... **d.** Ana: ....

PRONUNCIACIÓN Y ORTOGRAFÍA

ESCUCHA 22

1. ¿Dónde está el acento?

Escucha y subraya la sílaba tónica.

alfabeto dieciséis catorce hablador
divertido edad color pelo

LEE

2. La sílaba tónica.

Clasifica las palabras del ejercicio anterior por la posición de la sílaba tónica.

PENÚLTIMA SÍLABA	ÚLTIMA SÍLABA
catorce	

Añade dos palabras más a cada columna.

LEE ESCRIBE

1. Relaciones familiares.

Completa las frases con las palabras del recuadro con la terminación apropiada.

abuelo, sobrino, suegro, tío, cuñado, nieto, primo *Ejemplo: abuelo/a/os/as*

a. Juan es el abuelo de Míriam. Míriam es su .... preferida.
b. La madre de mi madre o de mi padre es mi ....
c. María es la hermana de mi madre. Yo soy su ....
d. Teresa y José son mis ...., los padres de Andrés, mi marido. Su hermana es mi ....
e. Te presento a mi .... Rafael. Está casado con mi tía Cecilia.
f. Estos son mis .... Manuel y Encarna. Su madre y mi padre son hermanos.

EL ESTADO CIVIL

Casado	Mi hermano está casado, su mujer Soraya es mi cuñada.
Soltero	Mi otro hermano no está casado, está soltero.
Divorciado	Estoy divorciado. Mis hijos viven con mi exmujer.
Viudo	Mi madre es viuda, mi padre ha muerto.

OBSERVA

2. ¿Soltera o casada?

Relaciona las preguntas con las respuestas.

a. Laura, ¿no te casas?
b. ¿Tu tía Carmen es viuda?
c. ¿Enrique es el marido de Marga?
d. Marcos está divorciado.

1. Sí, están casados desde hace 10 años.
2. Sí, y está muy triste desde que su marido no está.
3. Su exmujer ahora vive en Brasil.
4. ¡Qué va! Yo estoy muy bien soltera.

LA EDAD

Soy joven = tengo pocos años
Soy mayor = tengo muchos años / soy adulto

LA DESCRIPCIÓN FÍSICA

guapo/a: para personas.
bonito/a: para objetos, partes del cuerpo y a veces personas.
Tiene una nariz muy bonita.

feo/a: personas y objetos.

Normal: ni alto ni bajo, ni gordo ni delgado.
- ¿Cómo es tu marido: alto o bajo?
- Pues... no sé, es normal, ni alto ni bajo.

LÉXICO ▶ Conoces... Las relaciones familiares, el estado civil, los adjetivos de descripción física y de carácter

LA PERSONALIDAD

CONTRARIOS

vago/a	trabajador/-a
hablador/-a	callado/a
sociable	tímido/a
inteligente = listo/a	tonto/a
generoso/a	tacaño/a
divertido/a	aburrido/a
sensible	insensible

MUY / UN POCO

Con palabras positivas usamos *muy*, con las negativas, usamos *un poco*.

soy mayor = tengo muchos años / soy adulto

- *¿Cómo es tu hermana?*
- *Pues es... un poco gordita, es alta, y es muy simpática.*
- *¿Cómo es tu compañero nuevo?*
- *Bueno, no es muy inteligente, pero es muy sociable.*

ESCRIBE

3. Así son.

Completa las frases con las palabras adecuadas.

a. Su hermano es un poco feo, pero ella es muy ...., y tiene los ojos muy ....

b. - ¿Cómo es tu padre?

- No sé... normal, ni gordo ni ....

c. - Tu primo es un poco ...., ¿no?

- ¡No, qué va! Es muy inteligente.

d. - Pero tu primo no es muy hablador, ¿no?

- No, es verdad. Es un poco ....

e. - ¿Cuántos años tienes?

- Soy muy .... Solo tengo quince años.

f. Juan es muy .... Nunca cuenta chistes ni se ríe.

g. ¿Una bolsa de patatas fritas para celebrar tu cumpleaños? Eres un poco ...., ¿sabes?

h. - ¿Qué edad tiene tu madre?

- Tiene setenta y cinco años. Es .... ya.

OBSERVA

4. Hablar de los demás.

Relaciona las dos columnas.

a. ¿Cuántos años tenéis?	**1.** ... pero soy sociable.
b. No somos niños,...	**2.** ... no es ni alto ni bajo.
c. Mi abuelo es normal,...	**3.** Yo, veinte y mi hermana, veintidós.
d. No soy muy habladora,...	**4.** Sí, no es nada vaga.
e. Begoña es muy trabajadora, ¿no?	**5.** No, no soy muy sensible.
f. ¿Tú no lloras nunca?	**6.** ... somos mayores.

LEE ESCRIBE

1. Tengo un novio muy guapo.

Lee la página de Lara en la red social, y contesta las preguntas.

Amigos Aplicaciones Mensajes Inicio Buscar

Muro Información Fotos

Aquí cuelgo la foto de mi novio Raúl. Es muy guapo. Tiene los ojos marrones y el pelo negro. Lo lleva largo en la foto, pero ahora lo lleva corto. Lleva gafas, pero para las fotos se las quita. Dice que no le quedan bien. Tiene 26 años.

Es muy simpático, y también es muy sensible. Los dos lloramos con las películas tristes. Él es deportista. Se levanta temprano por las mañanas y sale a correr una o dos horas por el parque Güell.

Raúl es muy trabajador. Entre semana no sale con sus amigos. Los fines de semana sale conmigo, claro. Vamos al cine o a una discoteca a bailar, o a casa de amigos.

- **a.** Raúl normalmente no está igual que en la foto. ¿Qué dos diferencias describe Lara?
- **b.** ¿Qué hace Raúl más frecuentemente, salir con los amigos o correr?
- **c.** ¿En qué se parecen Lara y Raúl?
- **d.** ¿Cuántos años tiene Raúl?
- **e.** ¿De qué color son los ojos de Raúl?

Parque Güell, Barcelona

ESCUCHA 23

2. Sonia y sus hermanos.

Álvaro Higueras entrevista a Sonia y sus dos hermanos, Nuria y Gabriel, que son actores famosos. Escucha y marca verdadero o falso. Para las frases falsas, explica cuál es la verdad.

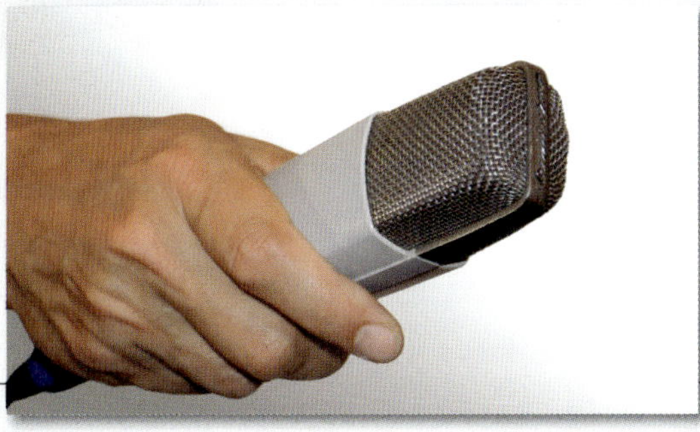

	V	F
a. Nuria es la hermana mayor.	☐	☐
b. La hermana de Sonia no vive en España.	☐	☐
c. Gabriel está soltero.	☐	☐
d. Gabriel vive con su madre.	☐	☐
e. El marido de Nuria murió.	☐	☐
f. Nuria tiene dos hijas.	☐	☐

interactúa — Describes a un familiar

A1 DELE

En parejas, utilizando una foto si es posible, presenta a una persona de tu familia y descríbela. Escucha a tu compañero y pregúntale más cosas sobre su familia.

Ejemplo:
- Mira, este es mi primo David. Tiene 31 años. Es alto y moreno. Tiene bigote.
- ¿Está soltero?
- No, está casado. Ahora vive en París con su mujer.

CONOCES...

La familia en España y México

LEE Tradicionalmente la familia tiene un papel muy importante en la vida de los españoles e hispanoamericanos.

Los hijos dejan la casa de los padres muy tarde. Y después de irse, tienen una relación muy estrecha con ellos. Muchos se van de vacaciones juntos. Cuando tienen hijos, los abuelos ayudan a cuidarlos y, en general, se ayudan los unos a los otros.

La gente no solo se relaciona con su familia nuclear (padres, hijos y hermanos), sino también con la familia «extendida» (primos, abuelos, nietos, etc.). En fechas señaladas, como la Navidad o en celebraciones (bautizos y primeras comuniones, aniversarios de boda, etc.) se invita a todos los familiares y se junta mucha gente.

En México se celebra el Día de Muertos el 1 y el 2 de noviembre. Esta no es una ocasión triste, sino alegre. Se celebra la vida y se dedica un recuerdo a todos los familiares muertos. Estos «vuelven» durante dos noches, que podemos compartir con ellos.

Actualmente las cosas cambian, naturalmente. Muchas parejas deciden vivir juntos sin casarse, se tienen menos hijos, hay más separaciones y divorcios. Por lo tanto, hay más familias monoparentales (formadas por una sola persona y los hijos) y familias en las que conviven hijos de parejas distintas. También hay más movilidad: los hijos o hermanos emigran a otras ciudades u otros países. Por tanto, las relaciones familiares son más complicadas que antes. Pero a través de correos electrónicos y teléfonos móviles, seguimos en contacto estrecho con la familia.

Abuela con nieta

Vacaciones en familia

Día de Muertos

Día de Muertos

A1 DELE

Contesta las preguntas.

1. Cuando los hijos se van de casa, ¿qué pasa?
   - **a.** Ya no tienen relación con los padres.
   - **b.** Siguen teniendo mucha relación con los padres.
   - **c.** Solo ven a los padres en las fiestas.

2. ¿Tu sobrino es parte de qué tipo de familia?
   - **a.** Familia extendida.
   - **b.** Familia nuclear.
   - **c.** Familia tradicional.

3. ¿Cómo es la fiesta de los muertos?
   - **a.** Triste.
   - **b.** Alegre.
   - **c.** Solo para jóvenes.

4. ¿Cómo son las relaciones familiares hoy en día?
   - **a.** Igual que antes.
   - **b.** Menos estrechas que las de antes.
   - **c.** Más estrechas que las de antes.

¿Las relaciones familiares son parecidas o diferentes en tu país? Discute con tu clase los parecidos y diferencias.

Pueblo de la costa del Sol, España

EN CASA

4

Competencia pragmática

Eres capaz de...

- buscar una habitación en piso compartido
- elegir un piso
- utilizar los ordinales

Competencia lingüística

Puedes...

- utilizar el pronombre interrogativo *cuánto* y los cuantificadores
- diferenciar *ser* para describir y *estar* para localizar
- utilizar los grados de intensidad
- conjugar los verbos *estar, venir, poner* en presente
- emplear las locuciones adverbiales de localización

Competencia léxica y sociolingüística

Conoces...

- los nombres de los objetos de una casa
- las características de un piso
- la vivienda en España, México y Argentina

Interactúa

- describes tu habitación

CONTESTA ESTAS PREGUNTAS PARA DESCRIBIR TU CASA PREFERIDA.

1. ¿Es grande o pequeña?
2. ¿Es ruidosa o tranquila?
3. ¿Cuántas habitaciones tiene?
4. ¿Qué tipo de vivienda es: un chalé, un piso, un apartamento, etc.?
5. ¿Tiene luz? ¿Es exterior o interior?
6. ¿Tiene un estilo clásico o moderno?

EN GRUPOS, ORDENA LAS CARACTERÍSTICAS MARCADAS DE MÁS A MENOS IMPORTANTE.

4

Lección 1

Eres capaz de...

Buscar una habitación en piso compartido

En España, muchos estudiantes y jóvenes alquilan una habitación en un piso donde viven otros estudiantes para pagar menos.

UN NUEVO COMPAÑERO DE PISO

LEE OBSERVA

1. **Lee el texto, subraya el nombre de cada habitación y escríbelo debajo de la foto adecuada.**

María: Hola, buenos días, eres Leo, ¿verdad?

Leo: Sí, vengo a ver el piso. Quiero alquilar una habitación.

María: Sí, pasa. Bueno, mira, esto es el recibidor. Aquí, a la izquierda del recibidor están el salón y el comedor. El salón tiene una terraza muy bonita.

Leo: Sí, es preciosa. ¿Cuántos dormitorios tiene la casa?

María: Tres.

Leo: ¿Y cuántos cuartos de baño hay?

María: Dos, bueno, un cuarto de baño grande y otro pequeño.

Leo: ¿Y dónde están?

María: Pues el baño grande al lado de este dormitorio. Y el pequeño al fondo del pasillo a la derecha.

Leo: Ah, muy bien, ¿y dónde está la cocina?

María: Aquí mismo, a la izquierda.

Leo: ¡Es muy grande!

María: Sí, es bastante grande. Aquí comemos todos juntos y a veces estudiamos también.

Leo: ¿Y cuánto es el alquiler de una habitación?

María: Bueno, vamos a tomar un café y hablamos...

el pasillo

LOCALIZAR CON EL VERBO *ESTAR*

A: ¿Dónde está el cuarto de baño?
B: Está a la derecha del
a la izquierda del dormitorio
al lado del
al fondo del pasillo

¡OJO!

a + el = al
de + el = del
*El baño está **al** lado **del** dormitorio.*

¿DÓNDE ESTÁ...?

LEE

2. Lee otra vez el diálogo y contesta verdadero o falso.

	V	F
a. El salón y el comedor están a la derecha del recibidor.	☐	☐
b. El piso tiene terraza.	☐	☐
c. El piso tiene dos dormitorios.	☐	☐
d. El piso tiene dos cuartos de baño.	☐	☐
e. El cuarto de baño grande está al lado del dormitorio.	☐	☐
f. El cuarto de baño pequeño está al fondo del pasillo a la izquierda.	☐	☐
g. La cocina está al fondo del pasillo.	☐	☐
h. La cocina es pequeña.	☐	☐

Barcelona, España

ESCUCHA

¿CÓMO ES LA CASA? 24

3. Escucha esta descripción y responde a las preguntas.

a. ¿Es una casa grande o pequeña (un apartamento)?
b. ¿Cuántas habitaciones tiene?
c. ¿Cuántos dormitorios tiene?
d. ¿Dónde está el salón-comedor?
e. ¿Cuántos cuartos de baño tiene la casa?
f. ¿Qué hay al fondo del pasillo?

PARA AYUDARTE

PREGUNTAR POR UNA CANTIDAD O NÚMERO

	Masculino	Femenino
Singular	¿Cuánto...?	¿Cuánta...?
Plural	¿Cuántos...?	¿Cuántas...?

COMUNICA

AHORA TÚ

A1 DELE

4. Observa este plano y describe el apartamento. Di dónde está cada habitación.

¡OJO!

La palabra *habitación* significa cada uno de los espacios de la casa: la cocina, el salón, etc., pero también significa lo mismo que *dormitorio*.

Lección 2

BUSCAN PISO EN MADRID

LEE

1. Lee estos anuncios de pisos.

Plaza Mayor, Madrid

A. PISO DE ESTUDIANTES
Se alquila habitación con baño. Habitación exterior muy alegre.
Avenida de los Olmos, 19

B. Se alquila habitación. Barrio tranquilo. Edificio antiguo sin ascensor. Primer piso.
Plaza Mayor, 17

C. Se alquila apartamento (5.º piso). Piso interior tranquilo, calefacción y aire acondicionado.
Calle de América, 11

ESCUCHA 25

LAURA LLAMA A SUS AMIGOS

2. Escucha y relaciona cada persona con un anuncio.

Hola, soy Laura, ¿qué tal tu piso nuevo?

Pablo: ¡Muy bien! Tengo una habitación muy grande, con baño. Es exterior, veo la calle, así que es muy alegre. ¡Estoy encantado! Mis vecinos son ruidosos, pero son simpáticos. Eso sí, mi habitación es fría en invierno y calurosa en verano.

Laura: Inés, ¿cómo te va con tu piso nuevo?

Inés: Bueno, no está mal. Es interior, muy tranquilo. Tiene calefacción y aire acondicionado. El problema es que el ascensor está estropeado, ¡y es un quinto piso!

Laura: Leo, ¿estás contento con tu piso nuevo?

Leo: Sí, es un poco triste porque es un primer piso. Tiene poca luz. Pero no importa. Es un piso muy bonito. Es un edificio antiguo. Está en la plaza. Mi habitación está encima de un bar. El piso es tranquilo de día, pero un poco ruidoso por las noches.

¡OJO!

La palabra *piso* aquí significa dos cosas:
- sinónimo de *planta*: *primer piso* = *primera planta*.
- vivienda dentro de un bloque.

Además es importante saber que un piso es más grande que un apartamento.

¿QUÉ PROBLEMAS TIENE CADA UNO?

ESCUCHA 25

3. Escucha otra vez y explícalo.

....
....
....
....

....
....
....
....

....
....
....
....

LAS DIFERENTES VIVIENDAS

4. Relaciona cada palabra con un dibujo.

LA VIVIENDA
- LA CASA/EL CHALÉ ☐
- EL PISO ☐
- EL APARTAMENTO ☐
- EL EDIFICIO ☐

a.

b.

OBSERVA

c.

d.

LEE

¿DE QUÉ CASA SE TRATA?

5. Relaciona cada frase con el significado exacto de la palabra *casa*.

a. Laura está en casa. Está cansada.
b. En verano vamos de vacaciones a una casa de campo.
c. Desde mi ventana no veo parques ni árboles, solo veo casas.

1. Vivienda aislada de otras.
2. Bloque de pisos, edificio.
3. Hogar donde vive una persona: piso, apartamento, etc.

DESCRIBIR UNA VIVIENDA

CONTRARIOS	
antiguo/a	nuevo/a
bonito/a	feo/a
exterior	interior
frío/a	caluroso/a
grande	pequeño/a
ruidoso/a	silencioso/a
sin luz	con mucha luz

GRADOS DE INTENSIDAD
Es muy ruidoso.
Es bastante ruidoso.
Es ruidoso.
Es un poco ruidoso.
Es poco ruidoso.
No es nada ruidoso.

Andalucía, España

LAS CARACTERÍSTICAS DE UN PISO

ESCRIBE

6. Completa con una palabra del recuadro.

exterior, ruidoso/a, bonito/a, antiguo/a, frío/a, caluroso/a, pequeño/a

a. Mi casa es muy .... No tiene ascensor.
b. El piso de Laura no tiene aire acondicionado, en verano es muy ....
c. Inés vive en una casa con un gran jardín. Es muy ....
d. Tu apartamento es alegre, pero muy .... Solo tiene una habitación.
e. Vivimos en un piso, es ....: desde las ventanas vemos el parque.
f. Nuestra casa es bonita, pero bastante .... Está cerca de la autopista.
g. En mi casa no tengo calefacción. En invierno es un poco ....

¿CÓMO ES TU CASA?

INTERACTÚA

7. En parejas. A describe su casa (piso, apartamento, etc.) a B. B anota los datos en este cuadro:

① Tipo de vivienda:	② Piso (altura):	③ Número de habitaciones:

④ Problema(s):

⑤ Cosas buenas:

4 Puedes... Utilizar *cuánto* y los cuantificadores, *SER* para describir y *ESTAR* para localizar

Evalúate

Total _____ / 43

EL PRONOMBRE INTERROGATIVO *CUÁNTO*

	Singular	Plural
Masculino	¿Cuánto...?	¿Cuántos...?
Femenino	¿Cuánta...?	¿Cuántas...?

Los cuantificadores

++ Mucho/a	+ Bastante	– Poco/a
++ Muchos/as	+ Bastantes	– Pocos/as

1. Completa las frases y subraya la respuesta correcta.

a. ¿.............................. dinero tienes? *Poco / Mucha / Bastantes.*
b. ¿.............................. habitaciones tiene tu casa? *Pocas / Muchas / Bastantes,* es una casa pequeña.
c. ¿.............................. hermanos sois? *Pocos / Muchos / Bastante,* somos cinco hermanos.
d. ¿.............................. muebles hay en tu habitación? *Muchas / Pocos / Bastantes,* ¡mi habitación está llena!
e. ¿.............................. plantas tiene esa casa? *No sé, muchas / bastante / pocas,* más de veinte, seguro.
f. ¿.............................. me quieres? *Mucho / Bastantes / Poco,* estoy locamente enamorado.
g. ¿.............................. luz tiene tu casa? *Poco / Bastante / Mucho,* es exterior y está en la primera planta.
h. ¿.............................. agua te sirvo? *Poca / Mucha / Bastantes,* no tengo sed.

/ 16

CONTRASTE *SER* Y *ESTAR*

	SER	ESTAR
(Yo)	*soy*	*estoy*
(Tú)	*eres*	*estás*
(Él/ella/Ud.)	*es*	*está*
(Nosotros/as)	*somos*	*estamos*
(Vosotros/as)	*sois*	*estáis*
(Ellos/as/Uds.)	*son*	*están*

SER:
se utiliza para describir: *La habitación es grande y luminosa.*

ESTAR:
se utiliza para localizar: *La habitación está al lado del cuarto de baño.*

GRADOS DE INTENSIDAD

Es muy ruidoso
Es bastante ruidoso
Es ruidoso
Es poco ruidoso
No es nada ruidoso

2. Completa con *ser* o *estar* en la forma adecuada.

a. Estos edificios del centro .... antiguos.
b. Esta calle .... muy tranquila.
c. Este sillón .... al lado del sofá.
d. Los primeros pisos .... bastante ruidosos.
e. El apartamento quinto C .... a la derecha del quinto B.
f. La cocina .... a la izquierda del comedor.
g. El sofá de su piso .... nuevo.
h. El mueble que .... al final del pasillo es precioso.

/ 8

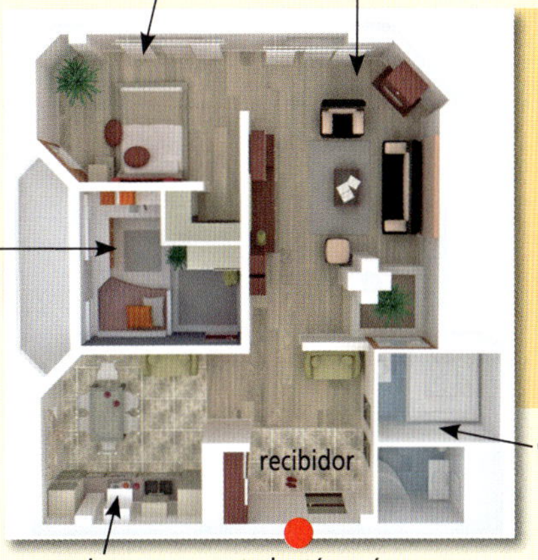

LOCUCIONES ADVERBIALES DE LOCALIZACIÓN

Al lado de: muy cerca. *La cocina está al lado del recibidor.*
A la derecha (de): *El salón está a la derecha del dormitorio principal.*
A la izquierda (de): *El dormitorio principal está a la izquierda del salón.*
Al fondo (de): *El dormitorio principal está al fondo, a la izquierda.*
Entre: *El otro dormitorio está entre el dormitorio principal y la cocina.*
Enfrente de: *La cocina está enfrente del cuarto de baño.*

3. Observa la foto y escribe frases para localizar estos objetos como en el ejemplo.

Ejemplo: ventana / habitación — *La ventana está al fondo de la habitación.*

a. televisión / sofá ....
b. silla / televisión ....
c. lámpara / sillón / silla ....
d. lámpara / sofá ....
e. televisión / habitación ....
f. sofá / habitación ....

/ 6

VERBOS IRREGULARES

	VENIR	PONER	SABER
(Yo)	*vengo*	*pongo*	*sé*
(Tú)	*vienes*	*pones*	*sabes*
(Él/ella/Ud.)	*viene*	*pone*	*sabe*
(Nosotros/as)	*venimos*	*ponemos*	*sabemos*
(Vosotros/as)	*venís*	*ponéis*	*sabéis*
(Ellos/as/Uds.)	*vienen*	*ponen*	*saben*

4. Completa las frases con *estar, venir, saber* o *poner* en la forma correcta.

a. La cocina .... a la derecha del comedor.
b. ¿(nosotros) .... estas cosas al fondo del pasillo?
c. Alfredo .... hoy a mi casa para conocerla.
d. Buenos días, (yo) .... a poner los muebles de la cocina.
e. El cuarto de baño .... al fondo del pasillo a la derecha.
f. (Nosotros) .... a visitar la casa, pero no .... en qué piso ....
g. María, ¿qué muebles .... tú aquí en el salón?
h. - ¿Dónde .... las sillas?
- No .... dónde ....
i. ¿Dónde (yo) .... este vaso?

/ 13

Eres capaz de... Utilizar los ordinales

LOS NÚMEROS ORDINALES

1.º primer(o)	/ **1.ª** primera	**6.º** sexto	/ **6.ª** sexta
2.º segundo	/ **2.ª** segunda	**7.º** séptimo	/ **7.ª** séptima
3.º tercer(o)	/ **3.ª** tercera	**8.º** octavo	/ **8.ª** octava
4.º cuarto	/ **4.ª** cuarta	**9.º** noveno	/ **9.ª** novena
5.º quinto	/ **5.ª** quinta	**10.º** décimo	/ **10.ª** décima

- *¿En qué piso vive el señor Hernández?*
- *En el séptimo derecha.*

¡OJO!

Cuando *primero* y *tercero* están delante de un nombre masculino se escriben *primer* y *tercer*.
El piso primero = El primer piso.

PARA AYUDARTE

OTRAS LOCUCIONES ADVERBIALES

Debajo de: posición inferior. Ej.: *El 2.º piso está debajo del 3.º.*
Encima de: posición superior. Ej.: *El 3.º piso está encima del 2.º.*

COMUNICA 1. ¿En qué piso vive?

En grupos. Por turnos, hacemos preguntas sobre los vecinos de este edificio y el siguiente contesta.

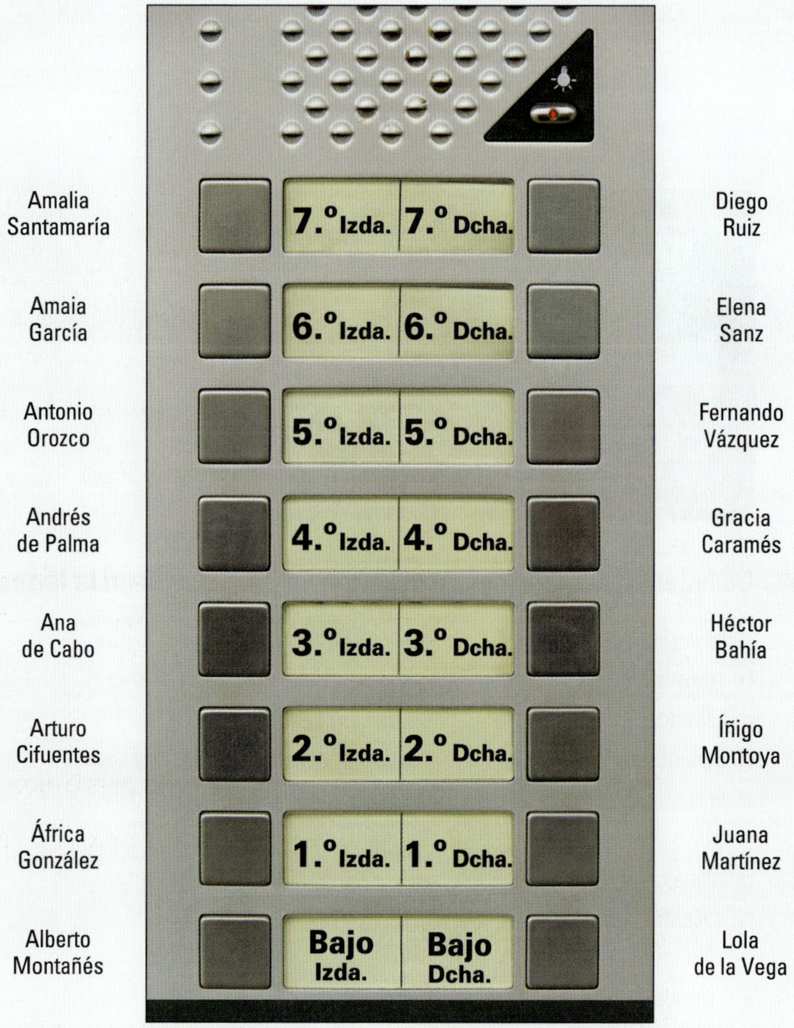

Ejemplo:
- *¿En qué piso vive la señora Caramés, por favor?*
- *En el cuarto derecha.*
- *¿Quién vive debajo del/encima del...?*

Los meses del año y los días de la semana

ESCRIBE **2. El primer día.**

Completa las frases con un número ordinal.

a. Sábado es el .... día de la semana.

b. Febrero es el .... mes del año.

c. En 2010 España ganó su .... copa mundial de fútbol.

d. La «e» es la .... letra del alfabeto.

e. Lunes es el .... día de la semana.

f. Marzo es el .... mes del año.

g. El .... mes del año, agosto, es un mes de vacaciones.

h. La .... sinfonía de Beethoven, *Himno a la alegría*, es el himno de la Unión Europea.

PRONUNCIACIÓN Y ORTOGRAFÍA

ESCUCHA 26 **1. ¿Cómo se pronuncia?**

Escucha y subraya la sílaba tónica.

alquilar	comedor	cuarto	tercero
quinto	grande	ruidoso	cocina
catorce	mundial	favor	alfabeto

LEE **2. La sílaba tónica.**

Observa la última letra y clasifica las palabras del ejercicio anterior.

TERMINA EN VOCAL, *N* o *S*	TERMINA EN CONSONANTE, SALVO *N* o *S*
ca**tor**ce	come**dor**

Añade dos palabras más a cada columna.

LÉXICO ▶ Conoces... Los nombres de los objetos de una casa

OBSERVA · ESCRIBE

1. ¿Dónde están?

Observa estos muebles u objetos y di en qué habitación están.

Ejemplo: La televisión está en el salón.

la televisión

el frigorífico

la mesa y las sillas

el horno

la silla

el sofá

el sillón

el espejo

la bañera

el ordenador

la estantería

la cama

el armario

COMUNICA

2. El intruso.

Subraya la palabra que no tiene relación con las demás y explica por qué.

a. El horno, la cama, el frigorífico, la mesa.
b. El cuarto de baño, el dormitorio, la cocina, la terraza.
c. La bañera, el sofá, el espejo, el WC.
d. La televisión, el ordenador, el espejo, el horno.

> **PARA AYUDARTE**
>
> **MÁS LOCUCIONES ADVERBIALES**
>
> 
>
> Delante de
>
> *El jardín está **delante de** la casa.*
>
> 
>
> Detrás de
>
> *El jardín está **detrás de** la casa.*

OBSERVA

3. En el dormitorio.

Mira la foto y localiza los objetos. *Ejemplo: La mesa está debajo de la ventana.*

LEE · COMUNICA

1. Pilar busca piso.

Después de leer el correo de Pilar, recomiéndale dos de estos cuatro pisos.

Mensaje nuevo

De: Pilar
Para: Grupo amigos
Cc:
Asunto: Busco piso

Hola, amigos. Busco piso. ¿Me ayudáis a encontrar uno? Necesito un piso pequeño o un apartamento, de una o dos habitaciones. Prefiero un piso exterior. Son más alegres.

No uso el ascensor. Quiero un piso no muy alto, un primero o segundo.

No tengo muebles, así que necesito un piso amueblado. ¡Ah!, y prefiero un piso antiguo. Son muy bonitos y no son calurosos en verano.

Pilar

SE ALQUILA
Apartamento exterior, segundo piso, una habitación y salón.
Con ascensor. Edificio moderno. Apartamento amueblado.
629 11 34 26

ALQUILO
Casa de campo. 4 habitaciones.
Jardín grande.
Amueblada, casa antigua.
610 99 55 26

ALQUILO
Piso de lujo. 3 habitaciones, muy grande. Interior. Muy tranquilo.
Séptimo piso. Sin muebles. Edificio moderno.
607 12 45 33

SE ALQUILA
Piso de dos habitaciones.
Edificio antiguo. Sin ascensor.
Segunda planta.
El piso está amueblado.
609 348 77 11

ESCUCHA · COMUNICA

27

2. ¿Dónde los pongo?

Escucha dónde quiere colocar Pilar los muebles de su habitación. Hay tres cosas mal puestas. Identifícalas.

interactúa — Describes tu habitación

A1 DELE

En parejas. A explica a B cómo es su habitación. En un plano, B va dibujando o escribiendo los nombres de los muebles u objetos que A describe. Se cambian los papeles. Después, A y B comprueban sus dibujos respectivos.

CONOCES...

La vivienda en España, México y Argentina

LEE Las viviendas pueden ser unifamiliares (una casa para una sola familia) o pisos en un bloque o edificio de varias plantas.

En el centro de las ciudades la gran mayoría de las viviendas están en edificios. En las afueras hay más zonas residenciales de casas o chalés, generalmente con jardín.

En España e Hispanoamérica a veces utilizamos la misma palabra con significados diferentes:

- **Piso:** esta palabra significa *planta* o *altura* en un edificio. En España también se llama así a una vivienda dentro de un bloque. En Argentina, Paraguay y Uruguay si una persona vive en un piso significa que su vivienda ocupa toda una planta (o piso), de un edificio (o torre).

- **Apartamento:** en España es un piso pequeño, en América es cualquier vivienda dentro de un bloque. Ahí también se llama *departamento.*

- **Dúplex:** una vivienda en dos alturas, con escalera interior. En España es parte de un edificio alto. En Argentina, Chile y otros países, el dúplex es cualquier casa con dos alturas. Los dúplex son particularmente comunes en Argentina y Bolivia.

- **Casa:** puede referirse a nuestra vivienda, de cualquier tipo, en expresiones como: *estoy en casa*, etc. También puede referirse a una vivienda unifamiliar, o a un bloque de pisos: *Vivo en una casa* (vivienda unifamiliar), *En esta calle las casas son muy altas* (bloques o edificios).

Además, hay otras palabras para viviendas en bloques:

- **Ático:** el piso o apartamento en una última planta. A menudo tiene una terraza grande.

- **Estudio:** apartamento con un solo espacio: es dormitorio y salón a la vez. La cocina generalmente es americana, incluida en el salón.

Chalés, afueras de Madrid, España

Piso, Marbella, España

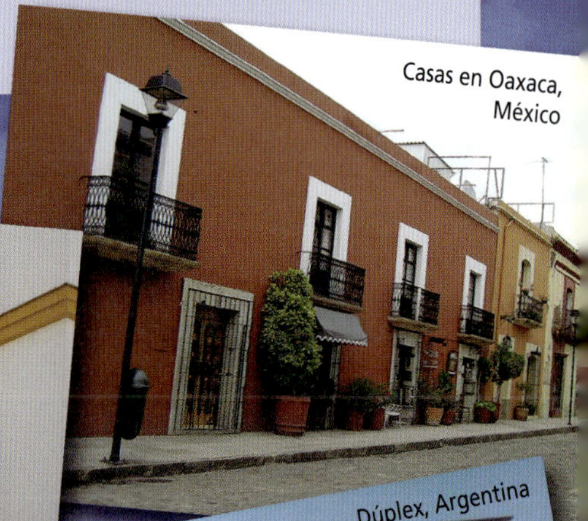
Casas en Oaxaca, México

Dúplex, Argentina

Contesta las preguntas. A1 DELE

1. Coloca en orden de tamaño, de mayor a menor, estos cuatro tipos de vivienda: chalé / apartamento / piso / estudio

2. En la frase «te invito, vente a casa a comer», ¿qué significa *casa*?
   a. Mi chalé.
   b. El bloque donde está mi piso.
   c. Donde yo vivo.

3. ¿Qué es un ático?
   a. Un piso grande.
   b. Una casa con jardín.
   c. Una vivienda en el último piso.

Habla en grupos: ¿En qué tipo de vivienda vives tú? ¿Dónde vive la gente normalmente en tu ciudad / región?
¿Cuál de las viviendas mencionadas prefieres y por qué?

Plaza de España, Sevilla, España

POR LA CIUDAD

5

Competencia pragmática

Eres capaz de...

- entender y dar indicaciones en la calle
- localizar establecimientos
- preguntar y decir la hora

Competencia lingüística

Puedes...

- utilizar los artículos indeterminados
- diferenciar *hay* y *está(n)*
- conjugar los verbos *ir*, *seguir*, *cerrar* y *dar*, en presente
- utilizar las preposiciones y adverbios de lugar

Competencia léxica y sociolingüística

Conoces...

- los números de cien a un millón
- los nombres de los espacios urbanos y las tiendas
- las ciudades de España y de Hispanoamérica con el mismo nombre

Interactúa

- organizas una visita turística

¿CÓMO VAS A CLASE DE ESPAÑOL?

- ☐ En metro.
- ☐ En autobús.
- ☐ A pie.

CORRIGE LA INFORMACIÓN FALSA.

	V	F
1. En mi ciudad las tiendas abren a las nueve.	☐	☐
2. En mi barrio hay un cine y un museo.	☐	☐
3. En mi calle hay una farmacia y un supermercado.	☐	☐
4. Mi mejor amigo/a vive enfrente de mi casa.	☐	☐

¿QUÉ LUGAR ESTÁ MÁS CERCA DE TU CASA?

1. una farmacia

2. un supermercado

3. un parque

¿CÓMO LLEGO A TU CASA?

28 A1 DELE ESCUCHA

1. Escucha y lee la primera parte del diálogo y elige el plano que marca el camino correcto.

Roberto vive en el Barrio de las Letras. Habla por teléfono con su amiga Mar y le indica cómo llegar a su casa.

Mar: Entonces, ¿cómo llego a tu casa? Estoy en la estación de metro Atocha.

Roberto: Es muy fácil. Vas por la calle Atocha y giras a la derecha en la segunda calle.

Mar: Vale, segunda a la derecha…

Roberto: Luego sigues todo recto y giras a la izquierda en la cuarta calle. Es la calle de la Verónica. Vivo en el número 40, al lado de una panadería, en el tercero izquierda.

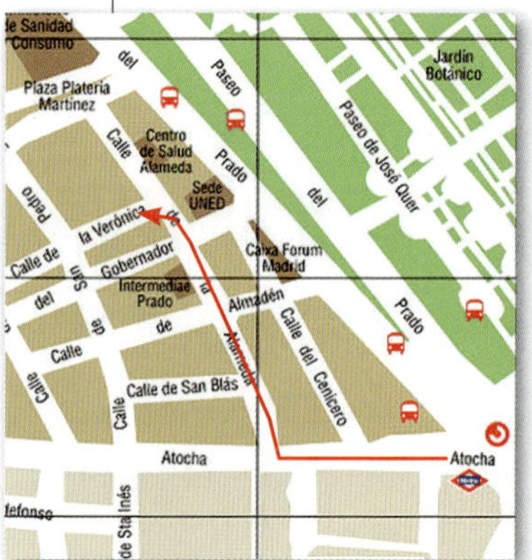

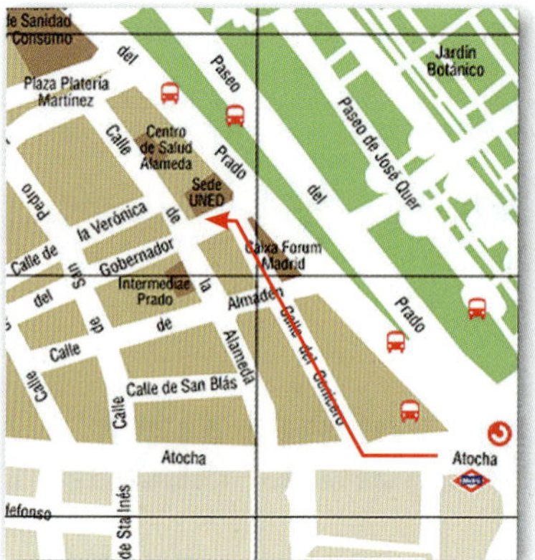

a. ☐ b. ☐

Barrio de las Letras, Madrid

¿HAY MUCHAS TIENDAS?

ESCUCHA

2. Escucha la segunda parte y contesta verdadero o falso.

29

	V	F
a. No hay muchas tiendas en el barrio de Roberto.	☐	☐
b. Hay una farmacia enfrente de su casa.	☐	☐
c. Hay tres cafeterías.	☐	☐
d. También hay tiendas de ropa.	☐	☐
e. El cine está lejos.	☐	☐
f. El cine está en la calle Salamanca.	☐	☐

Una tienda

Una cafetería

PREGUNTAR POR LA EXISTENCIA DE UN LUGAR O ESTABLECIMIENTO

A. Perdone, ¿hay un cine por aquí cerca? ¿hay una farmacia cerca? ¿hay muchas tiendas en este barrio? ¿hay muchos restaurantes en este barrio?	**B.** Sí, el cine está aquí enfrente. Sí, la farmacia está en la calle Mayor. No, las tiendas están un poco lejos. Hay muchos en esta misma calle.

PARA AYUDARTE — **LOCALIZAR ESTABLECIMIENTOS**

Cerca	●●	Lejos	● ●	Al final de	——→|	Enfrente de	●←→●

¿DÓNDE ESTÁ?

3. Pon los nombres de los establecimientos en el mapa. OBSERVA ESCRIBE

Correos · Mercadona · BBVA · ZARA · Museo - Biblioteca

a. La oficina de Correos está en la avenida de Barcelona, esquina con la calle Valencia.

b. El supermercado está enfrente del restaurante.

c. El banco está en la avenida de Valladolid, al lado de la comisaría.

d. La tienda de ropa está en la calle Salamanca, enfrente del hospital.

e. El museo está al lado del cine, en la calle Valencia.

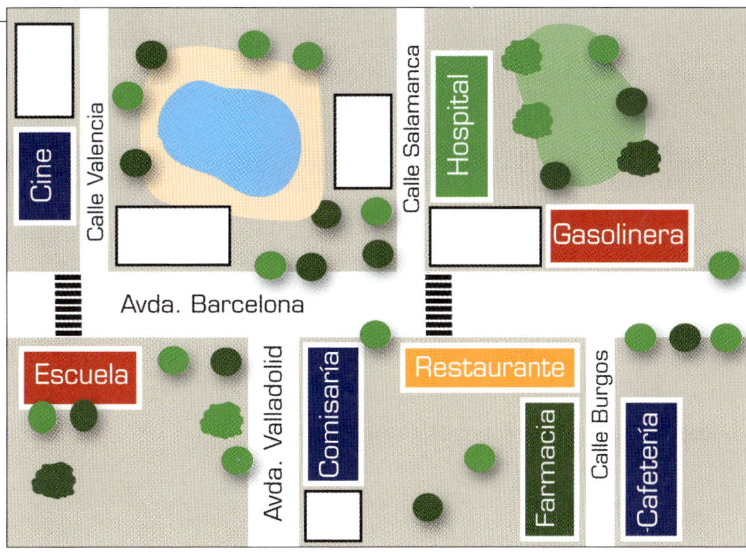

INSTRUCCIONES PARA LLEGAR

INTERACTÚA

4. En parejas. Por turnos, mira este plano y pregunta a tu compañero cómo llegar a los sitios. Él te da instrucciones.

A. Quieres ir a la escuela, a la gasolinera y al hospital.

B. Quieres ir a la farmacia, al banco y a la cafetería.

MI BARRIO

A1 DELE

oficina de turismo · gasolinera · museo · biblioteca · restaurantes · colegios · supermercados · tiendas de ropa

INTERACTÚA

5. Habla con tu compañero sobre vuestros barrios. Por turnos, hacéis preguntas sobre estos lugares:

Ejemplo:
¿Hay una biblioteca en tu barrio? ¿Dónde está?
¿Hay muchos restaurantes...? ¿Cuántos restaurantes hay en tu barrio?
¿Hay uno cerca de tu casa? ¿Cómo se va?

5 Eres capaz de...

Lección 2

Preguntar y decir la hora

LA HORA

Es la una
Son las dos... las doce
Son las tres... ... y cinco... y veinte
... menos diez... menos cinco
En punto significa *hora exacta*
Son las seis en punto (18:00)
Son las seis y cuarto (18:15)
Son las seis y media (18:30)
Son las siete menos cuarto (18:45)

Alexandra e Inés quedan.

ESCUCHA 30

¿A QUÉ HORA QUEDAMOS?

1. Escucha y contesta las preguntas de Alexandra.

a. ¿A qué hora empieza la película?
b. ¿Cuál es la dirección del cine?
c. ¿En qué va Inés: en metro o en autobús?
d. ¿Qué número (de autobús o línea de metro)?
e. ¿En qué parada (de autobús)/estación (de metro) se baja?

Alexandra: Oye, ¿qué haces esta tarde?
Inés: Nada especial.
Alexandra: ¿Vienes al cine? En el Proyecciones ponen una película muy buena, de Amenábar.
Inés: Bueno, vamos. ¿A qué hora quedamos?
Alexandra: A ver... la película empieza a las siete, pero tenemos que comprar las entradas... mejor quedamos a las seis y media, ¿vale?
Inés: Vale, pero ¿cómo voy al cine Proyecciones?
Alexandra: Es fácil. En el autobús. Tomas el 19 y te bajas en la quinta parada, en la avenida de la Libertad; cruzas la plaza Mayor y el cine Proyecciones está enfrente del Ayuntamiento. Está en la calle Concordia, número 2.
Inés: Muy bien. Pues quedamos a las seis y media en la puerta del cine.
Alexandra: De acuerdo. ¡Hasta luego!

¿CÓMO VOY?

INTERACTÚA

2. En parejas. En el mapa de la p. 56 queda con tu compañero para ir a CaixaForum, al jardín botánico, etc.

A pregunta cómo ir, dónde está, etc. **B** señala el medio de transporte, número, parada/estación, explica cómo llegar y sugiere una hora. Después de llegar, cambiáis los papeles y quedáis para ir a otro sitio.

PARA LLEGAR A UN SITIO

A. ¿Cómo voy/vamos?
B. Andando/A pie. En metro/autobús/tranvía.
Tomas el..., te bajas en...
Desde la parada/estación bajas por la calle..., cruzas la...

¿QUÉ HORA ES?

OBSERVA

3. Lee las horas y dibuja las manecillas.

Son las once menos veinticinco

Es la una menos cuarto

Son las tres y media

Son las nueve

Después, en parejas,
A pinta un reloj analógico con las manecillas, o escribe las cifras de un reloj digital (minutos acabados en *0* o *5*).
B dice la hora; cambiáis los papeles y decís 4 horas cada uno.

¿A QUÉ HORA...?

4. En parejas, observa y pregunta a tu compañero. Este consulta la lista y te contesta.

INTERACTÚA

¿A qué hora... | **HORARIOS**

... sale el tren de...?
... llega el tren a...?

DESTINOS	SALIDA	LLEGADA
Veracruz	08:45	12:10
Oaxaca	10:05	13:50
Guadalajara	14:30	16:15

... empieza la obra de teatro?

***La vida es sueño*, de Calderón de la Barca**

de martes a domingo; única sesión diaria: 21:00

... abre el supermercado?

Tu súper del barrio

Abrimos
de 10 a 20:30

¿A qué hora... | **HORARIOS**

... cierra el museo?

El museo abre

Todos los días
de 09:00-18:00

... termina el partido de fútbol?

20:00 En directo desde el Santiago Bernabéu Real Madrid-Inter de Milán
22:00 Noticias

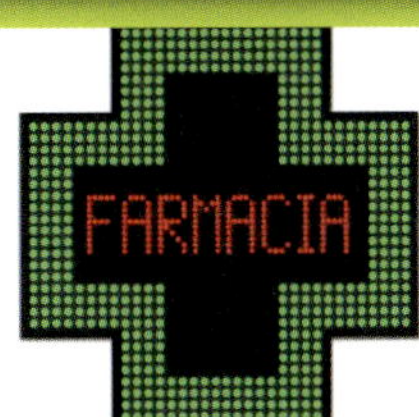

... abre y cierra esta farmacia?

Mañanas: de 09:00 a 14:00
Tardes: de 16:00 a 20:00
Domingos cerrado

TUS HORARIOS

INTERACTÚA

5. En parejas. Pregunta a tu compañero el horario de las tiendas, los cines, los museos, etc., de su ciudad y sus horarios personales: comer, ir a clase, etc.

Evalúate

Total ____ / 39

ARTÍCULOS INDETERMINADOS

	Singular	Plural
Masculino	***un*** *supermercado*	***unos*** *supermercados*
Femenino	***una*** *farmacia*	***unas*** *farmacias*

El artículo indeterminado se utiliza para hablar de algo o alguien desconocido o no mencionado con anterioridad.
- *¿Hay **una** gasolinera cerca?*

1. Completa con artículos indeterminados o determinados.

a. En mi calle hay .... supermercado. .... supermercado de comida asiática está en la otra calle.
b. En la plaza está .... iglesia del pueblo. Es .... iglesia románica.
c. Creo que hay .... banco cerca. Es .... Banco de Valencia.
d. En esta zona hay .... restaurantes muy caros. Me gusta .... restaurante japonés.
e. Vips son .... cafeterías muy conocidas, pero prefiero .... cafeterías de mi barrio.
f. ¡Claro que hay .... biblioteca en esta ciudad! .... biblioteca universitaria está cerca.
g. En mi calle hay .... cine, pero .... cines más grandes están en la Gran Vía.
h. Hay .... museo muy interesante en mi ciudad. Es .... museo marítimo.

/ 16

RECUERDA

El artículo determinado se usa para hablar de algo o alguien conocido o mencionado con anterioridad.
- *Perdone, ¿dónde está **la** cafetería Riofrío?*
- *En la plaza de Colón.*

DIFERENCIA ENTRE *HAY / ESTÁ(N)*

Hay (*haber*) se usa para indicar la existencia de algo o alguien. **Hay** + art. indeterminado / *dos, tres...* + sustantivo. *En mi ciudad hay unas plazas muy bonitas.*	**Está(n)** se utiliza para situar en el espacio algo o alguien. **Está(n)** + art. determinado / adj. posesivo + sustantivo singular/plural. - *¿Dónde está mi libro?* - *Creo que está en el salón.*

2. Completa las frases con *hay* o *está/n*.

a. ¿Dónde .... una tienda de ropa?
b. En el cuarto de baño .... las toallas.
c. En el salón .... la televisión.
d. Cerca de aquí .... un centro comercial.
e. Al lado del museo .... la tienda de regalos.
f. Las tiendas .... cerca del centro.
g. El cine .... al final de esta calle.
h. En esta ciudad .... muchos bares.

/ 8

	VERBOS IRREGULARES			
	IR*	SEGUIR	CERRAR	DAR
(Yo)	*voy*	*sigo*	*cierro*	*doy*
(Tú)	*vas*	*sigues*	*cierras*	*das*
(Él/ella/Ud.)	*va*	*sigue*	*cierra*	*da*
(Nosotros/as)	*vamos*	*seguimos*	*cerramos*	*damos*
(Vosotros/as)	*vais*	*seguís*	*cerráis*	*dais*
(Ellos/as/Uds.)	*van*	*siguen*	*cierran*	*dan*

*El verbo *ir* es completamente irregular.

3. Completa las frases con los verbos conjugados.

a. ¿Cómo (ir, yo) .... a tu casa, en metro o en autobús?

b. Mis hijos pequeños están cansados porque (venir, ellos) .... del colegio a pie.

c. - ¿(Venir, vosotros) .... esta noche a cenar a casa?
- Vale, ¿a qué hora (ir, nosotros) ....?

d. El supermercado de mi barrio (cerrar) .... a las diez de la noche.

e. La universidad está muy cerca. (Seguir, tú) .... recto y está al final de la calle.

f. - ¿Me (dar, tú) .... la dirección de tu casa, por favor?
- Vale, te (dar) .... mi dirección. Vivo en la avenida Islas Filipinas, número 12.

g. ¿A qué hora (cerrar) .... las tiendas los sábados?

/ 9

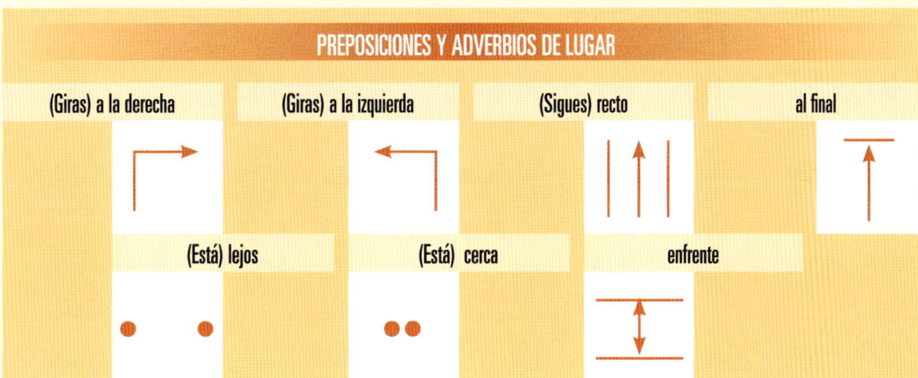

4. Elige la opción correcta.

		1	2
a.	Mi casa está muy ...., a unos 50 metros.	**1.** lejos	**2.** cerca
b.	El quiosco está .... del cine. Mira, ¿lo ves?	**1.** a la derecha	**2.** lejos
c.	La farmacia está .... de la calle. ¿Ves allí lejos la cruz?	**1.** enfrente	**2.** al final
d.	Para llegar al parque, sigues .... y luego giras a la derecha.	**1.** al lado	**2.** recto
e.	- Por favor, ¿dónde está el centro comercial? - Pues aquí mismo, ... del *parking*. ¿Ves la entrada?	**1.** enfrente	**2.** lejos
f.	La iglesia está .... de la plaza.	**1.** recto	**2.** a la izquierda

/ 6

5 Eres capaz de... ▶ Contar de cien a un millón

LEE

1. De cien a un millón.

a. Lee.

100	cien	**200**	doscientos	**300**	trescientos	**400**	cuatrocientos
500	quinientos	**600**	seiscientos	**700**	setecientos	**800**	ochocientos
900	novecientos	**1 000**	mil	**2 000**	dos mil...		

1 234 mil doscientos treinta y cuatro
10 904 diez mil novecientos cuatro
100 000 cien mil
1 000 000 un millón **2 000 000** dos millones

¡OJO!
500 quinientos
700 setecientos
900 novecientos

31

b. Ahora escucha y subraya los números que oyes.

600 918 1 234 2 900 7 003 10 100 222 000 1 400 000 5 500 000

OBSERVA ESCRIBE

2. De Panamá a Bogotá.

a. En parejas, miramos el cuadro de algunas capitales de Sudamérica y distancias en kilómetros desde la ciudad de Panamá. Por turnos, intentamos relacionar una distancia con la capital correcta.

Panamá, Panamá

Bogotá, Colombia

Ejemplo: De Panamá a Bogotá hay 773 kilómetros.

CAPITALES		DISTANCIAS DESDE PANAMÁ en kilómetros
a) Bogotá	Colombia	1019
b) Caracas	Venezuela	510
c) La Paz	Bolivia	773
d) Lima	Perú	816
e) Managua	Nicaragua	1393
f) Montevideo	Uruguay	2352
g) Quito	Ecuador	2971
h) San José	Costa Rica	4809
i) Santiago de Chile	Chile	5457

OBSERVA

b. Luego consultamos el mapa de la unidad 1, pág. 18, y podemos rectificar hasta dos distancias. Finalmente, comprobamos la solución con el profesor. Gana el que haya adivinado más distancias correctas.

INTERACTÚA

3. Datos geográficos.

En grupos. Por turnos, los estudiantes leen la pregunta y dicen una cifra. Uno de ellos mira la respuesta y responde *más* o *menos*. Después de un minuto, marca un punto el que da el dato correcto.

a. ¿Cuánto mide El Teide (islas Canarias), el punto más alto de España? **Entre 3 000 y 4 000 m**

b. ¿Cuál es la longitud de la cordillera de los Andes? **Entre 6 000 y 8 000 km**

c. Según el FMI, ¿cuál es el producto interior bruto por habitante de
Nicaragua?: **Entre 2 000 y 10 000 $**
Argentina?: **Entre 10 000 y 20 000 $**
España?: **Entre 20 000 y 40 000 $**

d. ¿Cuántos habitantes (en millones) tiene México? **Entre 80 y 120 millones**

El Teide, Tenerife, Canarias

COMUNICA

4. Ahora, tú.

En los mismos grupos, busca datos en Internet y prepara una pregunta con cifras sobre:

a. tu país ....

b. tu ciudad ....

c. el sueldo de algún deportista de élite ....

d. las ventas de algún libro o disco de éxito ....

PRONUNCIACIÓN Y ORTOGRAFÍA

¿DÓNDE ESTÁ EL ACENTO?

Si la palabra tiene tilde o acento escrito (´) sobre una vocal, esta es la de la sílaba acentuada.

Ejemplo: *situa**ción***.

Si no tiene tilde, el acento estará:

- en la última sílaba si la palabra termina en consonante, excepto *n* o *s*. *Ejemplo:* *Ma**drid**, Para**guay**, ha**blar**, i**gual***.
- en la penúltima sílaba, si la palabra termina en vocal, *n* o *s*. *Ejemplo:* ***Li**ma, Ca**ra**cas, **lla**man, **ha**bla*.

Las palabras que tienen el acento en sílabas anteriores (3.ª o 4.ª a partir del final) siempre tienen tilde. *Ejemplo:* *pe**lí**cula, **quí**taselo*.

ESCRIBE

1. ¿Dónde se pone el acento?

En las palabras siguientes, que no tienen tilde, indica dónde está el acento.

	ÚLTIMA SÍLABA: hab<u>lar</u>	PENÚLTIMA SÍLABA: <u>ha</u>bla
mejor		
entrada		
media		
libertad		
veinte		
reloj		

32

ESCUCHA ESCRIBE

2. Escribe la tilde.

Escucha estas palabras y escribe la tilde en su sitio.

Bogota facil futbol veintitres millon kilometro

En las palabras siguientes, la sílaba acentuada está subrayada. Indica si lleva tilde o no y explica por qué.

<u>ha</u>ces <u>nu</u>mero esta<u>cion</u>

LÉXICO Conoces... Los espacios urbanos y las tiendas

LEE OBSERVA

1. Los espacios urbanos.

Relaciona los nombres con las fotos.

- **a.** El ayuntamiento
- **b.** El parque
- **c.** El aparcamiento *(parking)*
- **d.** La iglesia
- **e.** El cine
- **f.** La fuente
- **g.** La plaza
- **h.** El mercado
- **i.** La oficina de Correos
- **j.** El centro comercial

COMUNICA

2. ¿Dónde voy?

¿En qué sitios están estas cosas?

pan, revistas, dinero, flores y plantas, medicinas, libros, carne, pescado, frutas, zapatos

la farmacia | la panadería | la frutería | la librería | la carnicería/charcutería | la zapatería

el banco | la floristería | el quiosco | la pescadería

OBSERVA ESCRIBE

3. El intruso.

Tacha lo que es diferente.

- **a.** En autobús, en coche, a pie, en taxi.
- **b.** Colegio, biblioteca, iglesia, librería.
- **c.** Las tres y media, las cinco y cuarto, las siete menos cuarto, las ocho.
- **d.** Supermercado, panadería, ayuntamiento, tienda de ropa.
- **e.** Estación de metro, estación de autobuses, aeropuerto, estación de tren.
- **f.** Museo, teatro, fuente, cine.

Carlos está en Madrid de turismo y quiere visitar El Escorial con sus amigos.

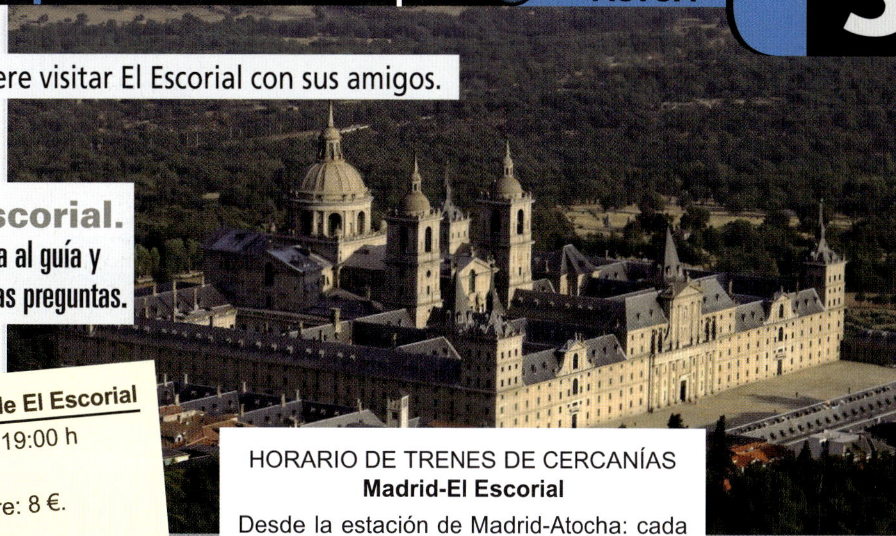

LEE ESCUCHA 33

1. Visitamos El Escorial.

Lee los documentos, escucha al guía y ayuda a Carlos a contestar las preguntas.

Monasterio de San Lorenzo de El Escorial

Martes a domingo de 10:00 a 19:00 h (último pase 17:30).

Precio de la entrada visita libre: 8 €.

Visita guiada: 10 €.

Para más información consultar la web de Patrimonio Nacional.

HORARIO DE TRENES DE CERCANÍAS
Madrid-El Escorial

Desde la estación de Madrid-Atocha: cada hora desde las 06:33 hasta las 23:31.

Viaje de ida: 60 minutos.

Último tren de vuelta: sale de El Escorial a las 00:40.

a. ¿Hay trenes a El Escorial por la tarde?
b. ¿Cuánto se tarda en llegar?
c. ¿A qué hora es la última visita?
d. ¿Cuándo sale el último tren de vuelta a Madrid?
e. ¿En qué año termina la construcción del Monasterio de El Escorial?
f. ¿Es grande el monasterio?
g. ¿Cuántas puertas y ventanas tiene?
h. ¿Desde cuándo es Patrimonio de la Humanidad?

ESCRIBE

2. Así es mi barrio.

Elige una de estas dos opciones y escribe un correo a tu amigo por correspondencia.

① **Explica**
✔ dónde vives.
✔ qué tiendas o edificios públicos hay en tu barrio y
✔ cómo se va a ellos desde tu casa.

② **Un amigo va a visitarte, pero no sabe dónde vives ni cómo llegar a tu casa desde la estación de ferrocarril.**

Explica
✔ qué medio de transporte tomar desde la estación hasta tu barrio.
✔ cómo ir hasta tu casa.
✔ algún edificio/tienda, etc., que hay por el camino.
✔ qué hay enfrente de tu casa o al lado.

interactúa — Organizas una visita turística

A1 DELE

En parejas. Planeamos una visita a un lugar turístico. A propone una visita y B hace preguntas como las de la actividad 1. A contesta. Luego se cambian los papeles.

a. ....
b. ....
c. ....
d. ....

CONOCES...

Ciudades de España y de Hispanoamérica con el mismo nombre

Antiguamente, los españoles solían poner nombres de sus ciudades de origen a las nuevas ciudades de América.

¿Conoces otros casos de ciudades con el mismo nombre en diferentes países?

Medellín
Extremadura, España
Colombia

Trujillo
Extremadura, España
Perú

Toledo
Castilla-La Mancha, España
Ohio, Estados Unidos

Mérida
Extremadura, España
México / Venezuela

LEE **Lee los textos y contesta verdadero o falso.**

Cartagena, Murcia, España

Cartagena es una ciudad española situada junto al mar Mediterráneo en la Región de Murcia.

Antes era zona de minas, ahora la actividad principal es la construcción y reparación naval, el refinado de petróleo y la exportación de aceite de oliva, frutas, cítricos, hortalizas, vino y productos metálicos. También es una de las principales bases navales del país. Cada vez vienen más turistas gracias a su patrimonio artístico, con más de 2 500 años de historia. Fue fundada por los cartagineses. Su nombre original fue *Carthago Nova* en latín.

Cartagena es famosa por sus fiestas mayores de cartagineses y romanos y las procesiones de Semana Santa, declaradas de Interés Turístico Internacional. Ahí están también el submarino eléctrico inventado por Isaac Peral en 1888, el teatro romano, muchos restos arqueológicos cartagineses y romanos, fortalezas, edificaciones militares y muchos edificios modernistas y neoclásicos.

Cartagena de Indias o Cartagena, Colombia

La ciudad está cerca del mar Caribe y es uno de los centros turísticos más importantes de Colombia. Se le pone el nombre de Cartagena por ser tan cerrada como la bahía de Cartagena en España.

Desde su fundación, en 1533 por Pedro de Heredia, y durante la época colonial es uno de los puertos más importantes de América.

Dado su importante patrimonio artístico y cultural, el centro histórico, la «ciudad amurallada», es declarado Patrimonio Nacional de Colombia en 1959 y Patrimonio de la Humanidad en 1984 por la Unesco.

Dentro de la ciudad amurallada se encuentran muchos edificios importantes durante la época colonial: la Casa del Marqués del Premio Real, la Casa de la Aduana, la iglesia y el Convento de San Pedro. La plaza está rodeada de grandes casas con balcones de madera.

Cartagena de Indias está en un sitio estratégico para el comercio marítimo internacional.

	V	F
1. La ciudad de Cartagena de Indias se llama así por su parecido con el puerto de Cartagena en España.	☐	☐
2. Las dos ciudades no son puertos de mar.	☐	☐
3. Cartagena de Indias (Colombia) se fundó antes que Cartagena (España).	☐	☐
4. El comercio por mar es muy importante en las dos ciudades.	☐	☐
5. La Cartagena española tiene una antigüedad de más de 2 500 años.	☐	☐
6. En la ciudad amurallada de Cartagena de Indias no hay casas coloniales.	☐	☐
7. En Cartagena (España) hay muchos edificios modernistas y neoclásicos.	☐	☐

Cartagena, Colombia

Tulum, México

DÍA A DÍA 6

Competencia pragmática

Eres capaz de...
- hablar de tus hábitos diarios
- quedar con alguien (I)
- hablar de aficiones y deportes
- decir si tenéis gustos en común

Competencia lingüística

Puedes...
- conjugar verbos reflexivos
- usar el verbo *gustar* en todas sus formas
- usar *también* y *tampoco*
- utilizar las preposiciones *a, de, en, con*

Competencia léxica y sociolingüística

Conoces...
- los hábitos diarios
- los deportes
- un día en la vida de los españoles

Interactúa
- Haces una encuesta sobre hábitos

LEE ESTAS FRASES Y CONTESTA *SÍ* O *NO*.

1. Los fines de semana me gusta salir con mis amigos.
2. No practico ningún deporte.
3. Por las mañanas siempre me levanto a la misma hora.
4. Tengo una rutina diaria.
5. Tengo una afición secreta.
6. Los sábados / domingos no hago absolutamente nada.

PREGUNTA AHORA A TUS COMPAÑEROS.

6 Lección 1

Eres capaz de... Hablar de tus hábitos diarios

Descubrimos la rutina de Inés, una médica muy ocupada.

UN DÍA EN LA VIDA DE INÉS

34 ESCUCHA

1.a. Lee, escucha y ordena las escenas.

Inés es médica, trabaja en un hospital muy grande. Normalmente se levanta a las siete o siete y media, desayuna en casa. Empieza a trabajar a las nueve. Come en la cafetería del hospital a las dos. Por la tarde tiene reuniones con sus compañeros del hospital. Sale de trabajar a las seis y vuelve a casa. Antes de cenar corre una hora por el parque. Después de cenar navega por Internet o ve la tele. Se acuesta a las once y media.

Los fines de semana hace muchas cosas. Los sábados hace la compra para la semana y por la tarde sale con sus amigos y van al cine o al teatro. Los domingos pasea por el campo o hace deporte.

b. Cierra el libro, escucha otra vez y corrige las frases incorrectas. 34 ESCUCHA

a. Inés trabaja en un hospital pequeño. ....

b. Se levanta a las siete y media. ....

c. Empieza a trabajar a las diez. ....

d. Come en la cafetería del hospital. ....

e. Sale de trabajar a las cinco y media. ....

f. Antes de cenar va al gimnasio. ....

g. Después de cenar navega por Internet o ve la tele. ....

h. Los sábados limpia la casa. ....

i. Los domingos pasea por el campo o hace deporte. ....

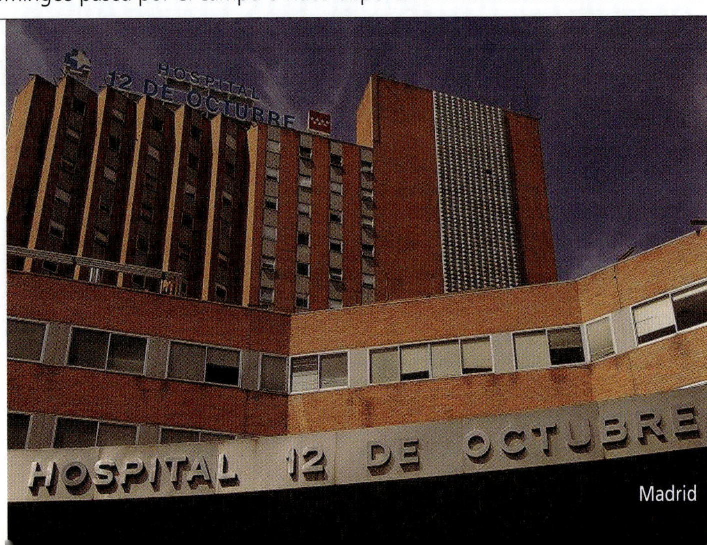

Madrid

TUS HÁBITOS

INTERACTÚA

2. En parejas, A lee una pregunta y B contesta completando la frase correspondiente. Luego cambiáis.

PARA AYUDARTE

EMPEZAR	SALIR
empiezo	salgo
empiezas	sales
empieza	sale
empezamos	salimos
empezáis	salís
empiezan	salen

a. ¿A qué hora te levantas?	Me levanto a las ....
b. ¿Cuándo empiezas a trabajar/estudiar?	Empiezo a trabajar/estudiar a las ....
c. ¿A qué hora comes? ¿Dónde?	Como a las .... en ....
d. ¿A qué hora sales del trabajo/de clase?	Salgo del trabajo/de clase a las ....
e. ¿Qué haces antes de cenar?	Antes de cenar hago ..../leo/etc.
f. ¿Con quién cenas?	Con mi(s) ....
g. ¿Qué haces después de cenar?	Después de cenar veo.../escucho...

HABLAR DE HÁBITOS

- ¿A qué hora te levantas?
- (Me levanto) a las 10.

- ¿Qué haces los fines de semana?
- Los fines de semana descanso.

VERBOS REFLEXIVOS

Yo	me levanto
Tú	te levantas
Él/Ella/Ud.	se levanta
Nosotros/as	nos levantamos
Vosotros/as	os levantáis
Ellos/Ellas/Uds.	se levantan

¿CUÁNDO QUEDAMOS?

A1 ELE · 35 · ESCUCHA

cuidar de mi hermano · tener prácticas · dar clases · jugar al fútbol · tener clase · ayudar en la tienda

3. Isabel y Fran son estudiantes, trabajan juntos dos veces por semana para hacer un proyecto. Escucha su conversación, anota sus ocupaciones con las expresiones del recuadro y decide cuándo pueden quedar.

		lunes	martes	miércoles	jueves	viernes
ISABEL	mañana					
FRAN	mañana					
ISABEL	tarde					
FRAN	tarde					

QUEDA CON TU COMPAÑERO

A1 DELE · INTERACTÚA

4. En parejas. Quedas con tu compañero para hacer un trabajo de español, dos veces por semana, durante un mes. Primero, escribes en una agenda tus actividades habituales. Después hablas con tu compañero (sin mostrarle tu agenda) para elegir el día y la hora.

Eres capaz de... Hablar de tus aficiones y deportes

LOS DEPORTES

1. Relaciona los nombres de los deportes con las fotos. OBSERVA

el fútbol | el tenis | la natación | el atletismo | el ciclismo

MI DEPORTE FAVORITO

2. Escucha, lee y subraya las palabras relacionadas con cada deporte. 36 ESCUCHA

Entrevistador: A vosotros, ¿qué deporte os gusta practicar en vuestro tiempo libre? Marga, ¿a ti qué deporte te gusta?

Marga: A mí me gusta nadar. Voy tres veces por semana a una piscina cerca de mi casa. Voy a pie. Normalmente nado unos veinte minutos o media hora. No es mucho, pero no soy una profesional.

Entrevistador: ¿Y a ti, Jaime? ¿Te gusta algún deporte?

Jaime: Sí, juego en un equipo de aficionados. No me gusta nada practicar deporte solo, somos compañeros de la universidad de Medicina y nos gusta mucho jugar todos juntos. Tenemos partido los domingos por la mañana y entrenamos los jueves por la tarde. Yo no meto ningún gol, claro, soy el portero.

Entrevistador: Marisol, ¿a ti también te gustan los deportes de equipo?

Marisol: Bueno, no me gustan mucho los deportes competitivos. Yo monto en bici casi todos los días, por la tarde, después de trabajar. Vivo lejos, en una urbanización, y me doy un paseo de media hora, más o menos. Me gusta mucho, me siento relajada después.

Entrevistador: A vosotros, Jorge y Jesús, os gusta mucho este juego, ¿verdad?

Jorge y Jesús: Sí, nos gusta bastante este deporte. Jugamos una o dos veces por semana. Además no es muy caro: alquilamos una pista en un polideportivo municipal y solo necesitamos una raqueta y unas cuantas pelotas.

Entrevistador: Míriam, ¿qué deportes practicas tú?

Míriam: Yo salgo a correr con unas amigas por la tarde. Nos encanta. Vamos casi todos los días, entre semana. Bueno, los fines de semana, quedamos con más amigos para salir, pero no a correr, vamos a tomar algo y a bailar.

INTERACTÚA

¿QUÉ LES GUSTA?

3. Forma frases sobre los gustos de estos amigos con un elemento de cada columna.

A Marga A Jaime A Marisol A Jorge y Jesús A Míriam	(no) le (no) les	gusta gustan encanta encantan	(nada) (bastante) (mucho)	los deportes competitivos la natación el tenis salir a correr jugar al fútbol practicar deporte solo

¿A TI QUÉ TE GUSTA? INTERACTÚA

4. En parejas, pregunta a tu compañero si le gustan las cosas de la lista.

¿Te gusta...	¿Te gustan...
... bailar en las discotecas?	... los juegos de mesa?
... el teatro?	... las telenovelas?
... comprar ropa?	... las películas del Oeste?
... la música?	... las novelas históricas?
... hacer deporte?	... los perros?

Ejemplo: ***A.*** *¿Te gusta la música?*
B. *Sí, me gusta mucho.*
A. *¿Qué música te gusta?*
B. *Me gusta la música latina.*

EXPRESAR GUSTOS

(A mí) me gusta... la música.
(A mí) me gustan... los coches

+
Me encanta
Me gusta mucho
Me gusta
No me gusta mucho
No me gusta
No me gusta nada
–

ESCRIBE

DISTINTOS DEPORTISTAS

5.a. Completa las palabras propuestas y escríbelas en la columna adecuada según su terminación.

a. cicl.................... **b.** esqui....................
c. nadad.................... **d.** ten....................

Un/Una futbolista	Un/Una jugador/-a

b. ¿Conoces nombres de deportistas famosos? Nombra un/una...

- **piloto de Fórmula 1**
- **jugador/-a de baloncesto**
- **nadador/-a**
- **atleta**
- **gimnasta**
- **hombre/mujer medalla de oro olímpica**

Fernando Alonso

TUS AFICIONES PREFERIDAS COMUNICA

6. En grupos, hablamos de lo que hacemos durante nuestro tiempo libre: deportes, aficiones...

Ejemplo:
- *¿Qué aficiones tienes?*
- *Yo hago senderismo. Me gusta pasear por el campo.*
- *¿Tú pescas?*
- *No, ni pesco ni cazo. Yo hago fotos, soy aficionado a la fotografía.*

PARA AYUDARTE

Juego al... golf, baloncesto, fútbol, etc.
Hago/practico... esquí, natación, gimnasia, alpinismo, etc.

6 Puedes...

Evalúate

Total ____ / 42

Conjugar verbos reflexivos, utilizar las preposiciones *a, de, en, con* y usar

VERBOS REFLEXIVOS			
	DUCHARSE	ACOSTARSE	VESTIRSE
(Yo)	***me*** *ducho*	***me*** *acuesto*	***me*** *visto*
(Tú)	***te*** *duchas*	***te*** *acuestas*	***te*** *vistes*
(Él/ella/Ud.)	***se*** *ducha*	***se*** *acuesta*	***se*** *viste*
(Nosotros/as)	***nos*** *duchamos*	***nos*** *acostamos*	***nos*** *vestimos*
(Vosotros/as)	***os*** *ducháis*	***os*** *acostáis*	***os*** *vestís*
(Ellos/as/Uds.)	***se*** *duchan*	***se*** *acuestan*	***se*** *visten*

¡OJO!

Acostarse tiene diptongo, o>ue. **Vestir** cambia la e>i.

Me acuesto. Me visto.

1. Completa con *ducharse, acostarse, vestirse* o *levantarse* en la forma adecuada.

a. – Óscar, ¿a qué hora .... habitualmente?
– Cuando tengo que trabajar, ... a las once y media.

b. – ¿A qué hora .... el fin de semana?
– Los sábados me levanto a las ocho porque juego al fútbol.

c. – ¿Cuándo .... tus hijos, por la mañana o por la noche?
– Ana, la mayor, se ducha por la mañana y Pedro, por la noche.

d. – ¿Tu hija pequeña .... sola?
– Sí, ya tiene cinco años y sabe vestirse sin problemas.

e. – Son las cinco de la mañana, ¿quién se levanta?
– Son mis vecinos, que .... ahora porque entran a trabajar a las seis.

f. – Toni, ¿.............................. con ropa especial los domingos?
– Solo si voy al teatro o a cenar.

g. – ¿Y te levantas tarde los domingos también?
– Claro, ... sobre las once de la mañana.

h. – ¿Qué prefieres, ducharte o bañarte?
– Prefiero ...., es más rápido.

/ 9

2. Lee esta información y escribe frases sobre Elena.

6:45	Levantarse/ducharse
7:00	Desayunar café con leche/magdalenas
7:30	Salir/casa
8:00	Empezar/trabajar
13:30	Comer/oficina
17:00	Salir/oficina
18:00	Ir/gimnasio
20:00	Volver/casa
21:30	Cenar/ver la tele
23:00	Acostarse

USO DE LAS PREPOSICIONES *A, DE, EN, CON*

A: Con las horas. *Maribel come* ***a*** *las dos y media.*
DE: Origen. *Vengo* ***de*** *la universidad.*
EN: Lugar. *Trabaja* ***en*** *un banco.*
CON: Compañía. *Estudio* ***con*** *mi hermana Pepa.*

3. Completa las frases con la preposición correspondiente.

a. Rosa no está .... su casa.
b. Julia viene .... la escuela .... las tres.
c. Matías vive .... sus padres.
d. Yo salgo .... mi trabajo .... mi jefa.
e. Mis compañeros de instituto se acuestan .... las once y media.
f. Mi tía Pepa trabaja .... mi tío Alfredo en el restaurante.
g. Me gusta desayunar .... la cafetería.
h. Vengo .... la consulta del dentista.

/ 10

VERBO *GUSTAR*

A mí me gusta/n A ti te gusta/n A él/ella/usted le gusta/n A nosotros/as nos gusta/n A vosotros/as os gusta/n A ellos/ellas/ustedes les gusta/n	+ sustantivo singular + infinitivo	*A mí me gusta el deporte.* *A mí me gusta leer.*
	+ sustantivo plural	*A mí me gustan las películas en 3D.*

El verbo **encantar** se conjuga igual que *gustar* y significa *gustar mucho*.
¿A ti te gusta el chocolate? ¡A mí me encanta!

¡OJO!
** Me encanta mucho* es incorrecto.

4. Completa las frases con *gusta, gustan.*

GUSTAR Y ENCANTAR

Me encanta	+
Me gusta mucho	
Me gusta	
No me gusta mucho	
No me gusta	–
No me gusta nada	

a. A casi todo el mundo le .... comer helados.
b. A los niños, en general, no les .... mucho las espinacas.
c. - ¿A ti te .... navegar por Internet?
- Sí, pero me .... más hacer deporte.
d. A mi hermano le .... mucho las películas de ciencia ficción.
e. - A mi familia le .... la comida japonesa.
- Pues a la mía no le .... nada. Prefieren la comida china.
f. A mis compañeros de trabajo les .... mucho ir en bici por el campo.
g. A Íñigo no le .... nada las Matemáticas.
h. A nosotros nos .... mucho el baile flamenco.

/ 10

5. Escribe la forma correcta del verbo y relaciona los diálogos.

a. ¿Les (gustar) .... a tus amigos la comida mexicana?
b. ¿A ti te (gustar) .... esquiar?
c. ¿A vosotros os (gustar) .... los deportes acuáticos?
d. ¿A tu amiga María le (gustar) .... mandar mensajes por el móvil?
e. ¿A tu novio le (gustar) .... el deporte?
f. A mí me (encantar) .... esquiar, ¿y a ti?

1. No, no mucho, no me (gustar) .... la montaña ni el frío.
2. Sí, pero le (gustar) .... más hablar por teléfono.
3. Sí, a todos les (gustar) .... los burritos, los frijoles. En general, la comida picante.
4. Bueno, nos (gustar) .... la natación y ver waterpolo en televisión.
5. No, no le (gustar) ...., le (encantar) ...., va al gimnasio todos los días.
6. A mí, la verdad, no me (gustar) .... mucho.

/ 13

Eres capaz de... Decir si tenéis gustos en común

ESCRIBE 1. En verano.

Lee el cuadro y completa las frases con algunas de las preposiciones o expresiones de tiempo.

LAS PREPOSICIONES EN LAS EXPRESIONES DE TIEMPO

Por la mañana/la tarde/la noche
En verano, en julio
A las dos
De lunes a viernes
Antes de trabajar/Antes del trabajo
Durante el trabajo
Después de trabajar/Después del trabajo

Ejemplo: En verano voy a la playa.

a. Solo se puede esquiar aquí .... invierno.
b. Mi hermano va a clase .... las mañanas.
c. .... jugar al pádel a veces nos bañamos en la piscina y nos relajamos.
d. La piscina abre .... junio .... septiembre.
e. Nos gusta mucho comer un bocadillo .... el partido.
f. El colegio está cerrado .... todas las vacaciones de verano.
g. Salgo de trabajar muy tarde, ... ocho.
h. .... invierno, ... cinco de la tarde, ya es de noche.

Urbanización con piscina, España

COMUNICA 2. A mí también.

Lee el cuadro y habla con tus compañeros de clase sobre vuestros gustos en común.

Ejemplos:
– A Charles le gusta la música y a mí también.
– A Jean no le gustan los perros, pero a mí sí.

	Ana	yo	COINCIDENCIAS Y DIFERENCIAS
¿Tocas el piano?	Sí No	Sí No	Ana toca el piano y **yo también**. Ana no toca el piano y **yo tampoco**.
	Sí No	No Sí	Ana toca el piano, pero **yo no**. Ana no toca el piano, pero **yo sí**.
¿Te gusta la música?	Sí No	Sí No	A Ana le gusta la música y **a mí también**. A Ana no le gusta la música y **a mí tampoco**.
	Sí No	No Sí	A Ana le gusta la música, pero **a mí no**. A Ana no le gusta la música, pero **a mí sí**.

COMUNICA

3. ¿Cuándo lo haces?

En grupos. Cada uno habla de dos actividades que hace con regularidad. Explica cuándo las hace, durante cuánto tiempo y con qué frecuencia. Luego comenta las similitudes y las diferencias.

Ejemplos:

– Yo monto en bici tres días a la semana, por las tardes. Monto durante dos horas.

– Yo también monto en bici en familia, pero monto por las mañanas los fines de semana.

FRECUENCIA
Nunca A veces Una, dos… veces por semana/al mes los lunes/los fines de semana Todos los días/martes…

DURACIÓN
Monto en bici (durante) dos horas Dos horas más o menos Unas dos horas

PRONUNCIACIÓN Y ORTOGRAFÍA

ERRE QUE ERRE

La letra *erre* suena fuerte (vibrante):

- cuando es doble: *perro, tierra, corre…*
- cuando está al principio de una palabra: *Ramón, risa, rojo…*
- y suena como *erre* suave (no vibrante) en los demás casos: *pero, barato, ser, trabajo, crisis…*

ESCUCHA

1. Escucha y repite estas palabras.

37

a. relajada **c.** cenar **e.** martes **g.** oscuro
b. trabajo **d.** cariñosa **f.** compra **h.** correr

2. Escucha y señala qué palabras oyes en cada pareja.

38

	A	B	C	D	E	F
1	coro	curva	pera	ahora	horno	cuarto
2	corro	cubra	perra	ahorra	honro	cuatro

3. Escucha estas frases y marca la palabra que oyes.

39

a. pera perra **d.** corro coro
b. ahora ahorra **e.** pero perro
c. cuarto cuatro **f.** carro caro

4. Escucha las palabras y escribe las letras *(r, rr)* que faltan.

40

a. ho__a **e.** Pe__ú
b. ma__ón **f.** comp__a
c. abu__ido **g.** ma__tes
d. pe__iódico **h.** se__io

5. Ahora escucha cuatro palabras y escríbelas.

41

a. .... **b.** ....
c. .... **d.** ....

LÉXICO Conoces... Los hábitos diarios y los deportes

OBSERVA

1. La vida de Alicia.

Relaciona las fotos con las acciones.

a. navegar por Internet
b. comer fuera de casa
c. desayunar en un bar
d. relajarse en casa
e. ir a la oficina
f. trabajar en el despacho
g. despertarse muy temprano
h. tener reuniones de trabajo
i. acostarse tarde
j. cenar en casa

Ahora habla sobre los hábitos de Alicia. *Ejemplo: Alicia se despierta muy temprano.*

ESCRIBE

2. Tus actividades habituales.

Escribe ocho frases en orden cronológico sobre cosas que haces todos los días.

Ejemplo: Me levanto temprano, a las siete o siete y cuarto.

ESCRIBE

3. Hacer deporte.

el árbitro, el balón, el bañador, el casco, las cuerdas, la mochila, las gafas, el jugador, el montañero, la pelota, la piscina, la raqueta, la red, la toalla

Escribe las palabras en la columna del deporte adecuado.

En parejas, explica la relación de estas palabras con los deportes. Proponed una palabra más para cada deporte.

Fútbol

Natación

Tenis

Montañismo

En grupos, discute sobre aficiones. En tu opinión, ordena estas aficiones de más «normal» a más «rara», y de la más divertida a la más aburrida.

coleccionar monedas
hacer maquetas (aviones, trenes, etc.)
coser vestidos para muñecas
la jardinería, cultivar plantas
la fotografía, sacar fotos
recolectar setas
hacer figuras de papel

LEE

1. Tengo una prima en Inglaterra.

Lee esta entrada del blog personal de Sonia donde nos habla de su prima y marca una cruz (x) si las frases hablan de Sally, de Sonia, o de las dos.

BlogdeSonia.es | Blogs | Búsqueda | Español | Ayuda | Registrarse | Iniciar Sesión

Inicio | Comunidad | Fotos | BlogForever

Londres

Valencia

Tengo una prima inglesa. Se llama Sally, y es hija de mi tía Laura, hermana de mi padre. Laura está casada con Ken, mi tío. Viven al sur de Londres.

Sally y yo nos enviamos correos y nos contamos cosas de nuestras vidas. Tenemos hábitos muy diferentes. Por ejemplo, los horarios. Nos levantamos las dos a las siete, pero a mediodía ella come un sándwich a las doce y media, y yo como una comida de tres platos a las dos y media. Luego yo duermo una siesta de media hora y ella nunca duerme siesta. Yo ceno a las nueve y media, y los fines de semana a las diez. Sally cena normalmente a las seis y media o siete.

La comida también es diferente, sobre todo el desayuno. Sally desayuna té con tostadas, judías y huevos con beicon, yo solamente café con tostada. Además, en las comidas, Sally me cuenta que en Inglaterra usan mucha mantequilla en sus platos, mientras que en España usamos mucho aceite de oliva.

	Sally	Sonia
a. Se levanta antes de las ocho.	☐	☐
b. Es hija de Laura.	☐	☐
c. Come poco al mediodía.	☐	☐
d. Cena tarde.	☐	☐
e. Come mucho para desayunar.	☐	☐
f. Escribe correos electrónicos a su prima.	☐	☐

ESCRIBE

2. Los hábitos distintos.

Escribe una entrada para el blog de Sonia sobre el mismo tema: explica las diferencias de horarios en tu región.
¿Son los mismos que en el resto de tu país? ¿Se parecen a los de los españoles o a los de otros países europeos?

interactúa — Haces una encuesta sobre hábitos

En grupos, elaboramos una encuesta para la clase. Escribe 4 preguntas sobre uno de estos temas: Pregunta al resto de la clase, anota los resultados y escribe un informe con estos datos.

- **AFICIONES RARAS** ¿Tienes alguna afición rara?
- **HÁBITOS DIARIOS** ¿A qué hora comes?
- **DEPORTES PRACTICADOS** ¿Qué deporte te gusta?
- **SALIR CON LOS AMIGOS** ¿Dónde vas? / ¿Qué haces con tus amigos?

Casi todos practicamos un deporte...
(Casi) nadie...
Algunos juegan al...
Cuatro alumnos no salen (casi) nunca.
Más de la mitad no tiene aficiones raras.
El 20% sale todos los fines de semana.

CONOCES...

Un día en la vida de los españoles

LEE Contesta las preguntas sobre el texto.

Entre semana

Por la mañana, los españoles desayunan poco. La mayoría empieza a trabajar entre las 8:30 y las 9. A media mañana muchos toman un segundo desayuno en un bar. Unos toman café, otros un bocadillo o un pincho de tortilla.

La palabra *mediodía* no significa las doce, sino la hora de comer, en general a las dos. En muchas empresas esta pausa es de dos horas y la mayoría de los trabajadores toman un menú completo -un primer plato, un segundo y un postre o café- en un restaurante cerca de su oficina. En general, se sale tarde, entre las 19 y las 20, ya que es frecuente quedarse más tiempo en el trabajo. Se cena tarde también, entre las 21 y las 22 horas y la cena no es tan abundante como la comida.

Durante el fin de semana

Antes de comer, muchos van a «tomar el aperitivo» sobre la una: la bebida puede ser acompañada de tapas, pequeñas cantidades de comida.

Después de la comida, muchos se echan la siesta. Pero ¿cuáles son los motivos de esta sana costumbre de dormir un rato después de comer? En un país caluroso, justo después de comer es cuando hace más calor. Además, muchos jóvenes salen por la noche y por la mañana trabajan o estudian y claro… ¡en algún momento hay que dormir! Por fin, la comida del mediodía es la más abundante así que después de comer a muchos les gusta descansar.

A media tarde algunos meriendan, sobre todo los niños y algunas personas mayores.

Vida nocturna

Por la noche es muy normal salir con amigos a cenar o «de tapeo», a tomar unas tapas. Después, muchos van a tomar algo, salen de copas: toman una bebida en un bar o en una terraza cuando el tiempo lo permite.

¿Dónde es posible un atasco a las dos o tres de la noche? Respuesta: naturalmente, en España, en los centros de las ciudades los fines de semana.

Vida al aire libre

¿Cuándo salen a la calle los españoles? Es mejor preguntar: ¿cuándo entran en casa? La calle es su medio. Además del aperitivo en terraza, por la tarde van a pasear a parques y calles, quedan a «dar una vuelta». Y por la noche, ¿qué mejor sitio que una terraza para tomar copas y charlar con los amigos?

A1 DELE

1. En general los españoles lo hacen todo ____ que la gente de otros países. **a.** más tarde **b.** más temprano **c.** al revés
2. ¿A qué se llama «mediodía»? **a.** Las doce en punto **b.** Cuando el sol está alto **c.** Cuando se come
3. ¿Qué costumbre se debe, al menos en parte, al calor? **a.** Las tapas **b.** La siesta **c.** Trabajar hasta tarde
4. ¿Qué significa lo del *atasco* por la noche?
   a. La gente trabaja hasta muy tarde. **b.** A la gente no le gusta andar, van en coche a todas partes.
   c. Mucha gente sale por la noche.
5. ¿Cuándo van los españoles a las terrazas?
   a. Solo por las tardes. **b.** Por las tardes y por las noches. **c.** Al mediodía, por las tardes y por las noches.

Tapas

LA COMIDA 7

Competencia pragmática

Eres capaz de...

- hacer la compra
- preparar una comida
- pedir la comida en un restaurante
- pedir y ofrecer un favor
- dar instrucciones
- hacer la lista de la compra

Competencia lingüística

Puedes...

- usar los adjetivos y pronombres demostrativos
- utilizar verbos irregulares con diptongo en presente
- conjugar los verbos en imperativo afirmativo
- utilizar algunos verbos irregulares en imperativo afirmativo

Competencia léxica y sociolingüística

Conoces...

- los nombres de los alimentos y de los platos
- los pesos y recipientes
- la tortilla española y la hispanoamericana

Interactúa

- explicas tu receta favorita

¿DÓNDE PUEDES LEER ESTAS FRASES?

a. Bata los huevos y eche un poco de sal. ☐

b. Dos kilos de tomates y una bolsa de patatas. ☐

c. Chuleta de cordero con ensalada. ☐

1. En la carta de un restaurante

2. En una lista de la compra

3. En un libro de recetas de cocina

¿DÓNDE PUEDES OÍR ESTAS CONVERSACIONES?

a. Yo preparo la ensalada y tú pones la mesa, ¿vale?

b. Póngame un kilo de naranjas, por favor.

c. ¿Me trae la carta, por favor?

○ En un restaurante

○ En un mercado

○ En casa de unos amigos

OBSERVA ESCUCHA 42

¿DÓNDE COMPRAN?

1. Observa las fotos. Escucha y marca dónde hace la compra Inés y dónde la hace Carlos.

El mercado ○ El supermercado ○ El hipermercado ○ La tienda de alimentación ○

Carlos: ¡Hola! Soy el nuevo vecino del 2.º izquierda. Me llamo Carlos.

Inés: Hola, yo soy Inés. Bienvenido.

Carlos: Gracias. Oye, ¿dónde haces la compra, Inés?

Inés: Normalmente hago la compra en el supermercado. Hago la compra de toda la semana el sábado y me la traen a casa.

Carlos: ¿Y hay un mercado cerca?

Inés: Sí, el mercado del barrio. Está en la calle Quevedo. Las verduras y la fruta están frescas y baratas.

Carlos: ¿También hay carnicerías y otros puestos?

Inés: Sí, claro, hay de todo: pescadería, carnicería, panadería, etc.

Carlos: Yo prefiero el mercado. Hago la compra casi todos los días, así compro todo fresco.

COMUNICA

VOY A HACER LA COMPRA

2. En parejas. Explica a tu compañero dónde haces la compra y por qué.

Puedes utilizar estas frases:

... es más barato.
... es más cómodo, haces la compra rápidamente.
... es más divertido, puedes comprar muchas cosas distintas, no solo comida.
... son más cómodas, están cerca de tu casa.

¡OJO!

Hacer la compra significa ir al supermercado/mercado para comprar alimentos. *Ir de compras* significa ir de tiendas para comprar ropa, complementos, etc.

COMUNICA

EN LA PANADERÍA

3. Mira las fotos y di dónde se compran estos alimentos.

la charcutería, la panadería, el puesto de frutas y verduras, la pescadería, la carnicería

ⓐ el pan

ⓑ la lechuga

ⓒ las manzanas

ⓓ el pollo

ⓔ el chorizo

ⓕ las sardinas

ⓖ el salmón

ⓗ los tomates

ⓘ el jamón

ⓙ los plátanos

ⓚ las chuletas

ⓛ los pimientos

Ejemplo: El jamón se compra en la charcutería.

EN EL PUESTO DE FRUTAS Y VERDURAS

43 ESCUCHA

4. Escucha y contesta las preguntas. Al día siguiente en el mercado.

Dependiente: ¿Siguiente, por favor?
Carlos: Yo. Quiero un kilo de tomates y una lechuga, por favor.
Dependiente: ¿Qué tomates, estos de aquí o aquellos?
Carlos: Aquellos, parecen más ricos.
Dependiente: ¿Algo más?
Carlos: Sí, unas manzanas. Las quiero muy buenas.
Dependiente: Claro que sí. Estas manzanas son asturianas, esas son de Galicia y aquellas son de mi pueblo.
Carlos: Pues me llevo dos kilos de esas, de las de Galicia. Eso es todo. ¿Cuánto es?
Dependiente: Son... nueve euros con cincuenta.
Carlos: Aquí tiene.
Dependiente: Aquí tiene su cambio.
Carlos: Gracias, hasta mañana.
Dependiente: Hasta mañana, caballero. ¿Quién va ahora?

A1 DELE

a. ¿Cuál de estas cosas compra Carlos?	1. un melón	2. una lechuga	3. peras
b. ¿Dónde están los tomates que elige Carlos?	1. aquí cerca	2. a poca distancia	3. lejos
c. ¿Cuántos tipos de manzanas tiene el vendedor?	1. dos	2. tres	3. cuatro
d. ¿Cuántas manzanas quiere Carlos?	1. medio kilo	2. un kilo	3. dos kilos
e. ¿Cuánto cambio le devuelve a Carlos el vendedor?	1. dos euros cincuenta	2. dos euros	3. no lo dice
f. ¿Cuántas veces por semana va Carlos al mercado?	1. una vez por semana	2. dos veces	3. todos los días

PARA AYUDARTE

PARA SEÑALAR ALGO

	Masculino / Femenino singular	Masculino / Femenino plural
cerca	este / esta	estos / estas
a poca distancia	ese / esa	esos / esas
lejos	aquel / aquella	aquellos / aquellas

Ejemplo: Estas manzanas son asturianas, esas son de Galicia y aquellas son de mi pueblo.

Puesto de jamones, Mercado de San Miguel, Madrid

EN EL MERCADO

INTERACTÚA

5. En parejas. Elige un puesto en el mercado: A hace la compra y B es el dependiente.

PARA AYUDARTE

Dependiente	*Cliente*
¿Siguiente, por favor?/¿Qué le pongo?	Quiero un kilo/medio kilo..., por favor.
¿Estos o aquellos?	Estos/Aquellos
¿Algo más?	Sí/No, eso es todo/Nada más, gracias.
Son...	¿Cuánto es?
Aquí tiene su cambio.	Aquí tiene.
Hasta luego. ¿Quién va ahora?	Gracias, hasta luego.

Eres capaz de... Preparar una comida y comer en un restaurante

PLATOS TÍPICOS

COMUNICA

1. Habla con tu compañero y responde a estas preguntas.

- ¿Qué platos te gustan más?
- ¿Qué platos españoles o hispanoamericanos conoces?
- ¿De qué país son típicos estos platos? Escríbelos.

la tortilla

el guacamole

la parrillada

el cebiche

EN CASA DE CLARA

44

2. Escucha y completa las frases del diálogo. Clara invita a comer a Elisabetta.

ESCUCHA

Clara: Elisabetta, ¿te gusta la tortilla de patatas?

Elisabetta: Sí, me gusta mucho.

Clara: Pues hoy tenemos tortilla para comer. ¿Quieres .... en mi casa?

Elisabetta: Muchas gracias, pero te ayudo a hacer la ....

Clara: Vale, estupendo. Yo te enseño. Es muy fácil. Mira, primero pela y corta unas ...., luego pon las patatas en una sartén con mucho aceite durante diez minutos. Después, aparte, bate tres huevos.

Elisabetta: Ya está, ¿ahora qué hago?

Clara: Ahora, quita el aceite de las patatas y mezcla las patatas fritas con los huevos batidos fuera de la sartén. Después, pon un poco de aceite en la sartén y añade la mezcla de patatas y huevos.

Elisabetta: Muy bien.

Clara: Oye, ¿y de primero hago una ensalada?

Elisabetta: Sí, me .... la ensalada.

Clara: Elisabetta, ¿puedes .... la mesa, por favor?

Elisabetta: Claro. ¿Para dos?

Clara: Sí, pon la mesa para dos. Jorge no come en casa hoy, come fuera, en un restaurante. Tiene que .... en la oficina por la tarde.

INVITAR

¿Quieres comer en mi casa?

OFRECER FAVORES

¿Te ayudo a preparar la comida?

PEDIR FAVORES

¿Puedes poner la mesa, por favor?

DAR INSTRUCCIONES CON IMPERATIVO

Pelar ⇨ ¡Pela unas patatas!
Batir ⇨ ¡Bate los huevos!

TE LO PIDO POR FAVOR

OBSERVA

3. Relaciona las órdenes con las situaciones.

Ejemplo:
Hay mucho ruido ⇨ ¡Cierra la ventana!

a. Se oye un timbre. Alguien llama.
b. Necesitas dinero.
c. Estoy ocupado ahora.
d. No te entiendo.
e. Tengo hambre.
f. ¡Estamos en peligro!

1. ¡Haz algo rápido!
2. Abre la puerta.
3. Come estas galletas.
4. Toma veinte euros.
5. Espera un momento.
6. Repite, por favor.

JORGE COME EN UN RESTAURANTE

ESCUCHA

4. **Escucha, lee el diálogo y marca la opción correcta. Después completa la nota del camarero.** 45

Camarero: ¿Mesa para uno, caballero?

Jorge: Sí, para uno.

Camarero: Muy bien, sígame.

...

Jorge: ¿Tiene menú, por favor?

Camarero: Sí, de primero tenemos lentejas, ensalada mixta o espaguetis con tomate. De segundo: pollo asado, filete de ternera o salmón a la plancha.

¿Qué va a tomar?

Jorge: Sí, de primero quiero *lentejas/ensalada/espaguetis*. De segundo, *pollo/ternera/salmón*. ¿De postre qué tiene?

Camarero: Flan y tarta de queso caseros. También tenemos melón.

Jorge: Pues *el melón/la tarta de queso/el flan.*

Camarero: ¿Y para beber?

Jorge: Agua mineral sin gas. Una botella grande, tengo mucha sed.

Camarero: Muy bien.

...

Jorge: ¿Me trae la cuenta, por favor?

Camarero: ¿Va a pagar con tarjeta o en efectivo?

Jorge: *En efectivo/Con tarjeta.*

Camarero: Aquí tiene la cuenta.

INTERACTÚA

¿LE TOMO NOTA YA?

6. **En parejas, estáis en un restaurante, representad el diálogo. A es el cliente y B, el camarero.**

A1 DELE

Saludas y preguntas por la bebida
Eliges la bebida
Preguntas por la comida
Eliges la comida
Preguntas si quieren algo más
Pides la cuenta
Entregas la cuenta

¿TOMAMOS ALGO?

COMUNICA

5. **Relaciona las columnas y escribe CA (camarero) o CL (cliente) delante de cada frase.**

_ _ **a.** ¡Oiga, por favor!
_ _ **b.** ¿Qué les pongo de beber?
_ _ **c.** Muy bien. ¿Y algo de comer?
_ _ **d.** Aquí tienen.
_ _ **e.** ¿Cuánto es?

_ _ **1.** Dos refrescos de naranja, por favor.
_ _ **2.** Sí, un momento.
_ _ **3.** Seis euros con cincuenta céntimos.
_ _ **4.** Un pincho de tortilla de patatas.
_ _ **5.** Muchas gracias.

7 Puedes... Utilizar los adjetivos y pronombres demostrativos, conjugar verbos irregulare

Evalúate

Total ____ / 36

ADJETIVOS Y PRONOMBRES DEMOSTRATIVOS		Cerca del hablante	A poca distancia	Lejos del hablante
Singular	Masculino	*este*	*ese*	*aquel*
	Femenino	*esta*	*esa*	*aquella*
Plural	Masculino	*estos*	*esos*	*aquellos*
	Femenino	*estas*	*esas*	*aquellas*
ADVERBIOS DE LUGAR		*aquí*	*ahí*	*allí*

Adverbios de lugar

Se utilizan para marcar la distancia.

- *Quiero esas manzanas de ahí, por favor.*
- *No están mal, pero mejor estas de aquí.*
- *¿Y aquellas, las de allí, cómo están?*

También existen formas neutras de los pronombres demostrativos: **esto**, **eso**, **aquello**.

Se emplean para hablar de un objeto que tenemos delante o de lo que alguien acaba de decir. No se usan para hablar de personas o animales.

- *¿Qué es **eso**?*
- *No sé. Creo que es una especie de motor.*

- ***Esto** no me gusta nada. («lo que estamos viendo u oyendo»).*

1. Elige el demostrativo adecuado.

- ¡Qué ricos los pimientos! Me encantan *estos/esos/aquellos* del fondo.
- ¿Los rojos? Sí, me gustan, pero yo prefiero *estos/esos/aquellos* amarillos de ahí, tienen un sabor delicioso.
- Bueno, pues no sé qué decir. Creo que a mí me gustan más *estos/esos/aquellos* verdes de aquí, los tradicionales.

/ 3

2. A este texto le faltan algunos demostrativos. Encuentra los lugares donde faltan y reescribe el texto añadiendo los demostrativos necesarios.

- ¿Qué es de ahí? ....
- ¿A qué se refiere? ¿A de aquí? Es una fruta tropical. Se llama *chirimoya*. ....
- Póngame dos chirimoyas. Póngame del fondo, parecen más jugosas. ....
- Como quiera, pero de aquí están más maduras. ....
- Bueno, pues entonces póngame de ahí. ....
- Aquí tiene las chirimoyas. Tenga también. ....
- ¿Qué es? ....
- Es un regalo, es perejil para cocinar o para ensalada. ....
- ¡Ah, muchas gracias! ....

/ 7

VERBOS IRREGULARES

	VERBOS CON DIPTONGO			G EN 1.ª PERSONA	
	PODER o>ue	QUERER e>ie	PEDIR e>i	TENER g, e>ie	PONER g
(Yo)	*p**ue**do*	*qu**ie**ro*	*p**i**do*	*ten**g**o*	*pon**g**o*
(Tú)	*p**ue**des*	*qu**ie**res*	*p**i**des*	*t**ie**nes*	*pones*
(Él/ella/Ud.)	*p**ue**de*	*qu**ie**re*	*p**i**de*	*t**ie**ne*	*pone*
(Nosotros/as)	*podemos*	*queremos*	*pedimos*	*tenemos*	*ponemos*
(Vosotros/as)	*podéis*	*queréis*	*pedís*	*tenéis*	*ponéis*
(Ellos/as/Uds.)	*p**ue**den*	*qu**ie**ren*	*p**i**den*	*t**ie**nen*	*ponen*

verbos con la misma irregularidad:

*contar: c**ue**nto, preferir: pref**ie**ro, cerrar: c**ie**rro, entender: ent**ie**ndo, vestir: v**i**sto, etc.*

Una chirimoya

3. Escribe el verbo entre paréntesis en la forma adecuada.

a. Por favor, Manuel, ¿me (poder) .... pasar la sal?
b. ¿Qué (querer) .... de primero, señora?
c. - Papá, ¿qué (poner) .... a la izquierda: el tenedor o el cuchillo?
- A la izquierda (tener) .... que poner el tenedor, hijo.
d. ¿Qué (querer) .... tomar tus amigos?
e. Vais a llegar tarde. ¡(Tener) .... que daros prisa!
f. Juan (querer) .... comprar pan y (pedir) .... 2 barras.
g. No (poder) .... comprar en el mercado, no (tener, yo) .... tiempo.

/ 10

EL IMPERATIVO AFIRMATIVO

	LOS VERBOS REGULARES			ALGUNOS IRREGULARES		
	HABLAR	BEBER	ABRIR	PONER	VENIR	HACER
(Tú)	*habl**a***	*beb**e***	*abr**e***	*pon*	*ven*	*haz*
(Usted)	*habl**e***	*beb**a***	*abr**a***	*ponga*	*venga*	*haga*
(Vosotros/as)	*habl**ad***	*beb**ed***	*abr**id***	*poned*	*venid*	*haced*
(Ustedes)	*habl**en***	*beb**an***	*abr**an***	*pongan*	*vengan*	*hagan*

Con *vosotros* la forma verbal es igual que el infinitivo, solo cambia la *r* por una *d*.
*Habl**ar*** *habl**ad***

4. Completa las frases con el verbo en imperativo.

a. (Abrir, tú) .... la ventana. Hace mucho calor.
b. (Poner, usted) .... sus libros en esta mesa.
c. (Hablar, vosotros) .... más bajo, los niños duermen.
d. (Hacer, vosotros) .... gimnasia todos los días, es bueno para la salud.
e. (Venir, tú) .... aquí ahora mismo, por favor.
f. Buenos días, señora Salgado, (esperar, usted) .... un momento, por favor.
g. Toni, (bajar, tú) .... la música, está muy alta.
h. (Hacer, ustedes) .... el examen en silencio, por favor.

/ 8

5. Completa los diálogos con estos verbos en imperativo: *recoger, hablar, poner, abrir, beber.*

a. - Alfonso, ... la tele. Hay un partido de fútbol dentro de cinco minutos. - Vale, papá.
b. - .... la puerta, por favor. Están llamando. - Sí, ahora mismo voy.
c. - .... agua, hijo, hace mucho calor. - Sí, vale.
d. - .... tus revistas de la mesa. Están por todas partes. - De acuerdo, mamá.
e. - .... más alto, hay mucho ruido. - ¿Qué?
f. - ¡Uf! ¡Qué calor! Conductor, ... usted la ventana un poquito, por favor. - Ya voy.
g. - Cariño, ... los juguetes de tu hermana del suelo. - ¡Vaaale!
h. - ¿Qué dice usted? .... más claro, no le entiendo. - Digo que...

/ 8

RECURSOS ▶ Eres capaz de... Hacer la lista de la compra

ESCRIBE **1. Pesos, cantidades y recipientes.**

Relaciona los recipientes/las medidas con los productos.

- **a.** un kilo de
- **b.** una docena de
- **c.** una botella de
- **d.** un bote de
- **e.** una lata de
- **f.** un cartón/*tetrabrik* de
- **g.** una caja de
- **h.** una bolsa de
- **i.** una barra de

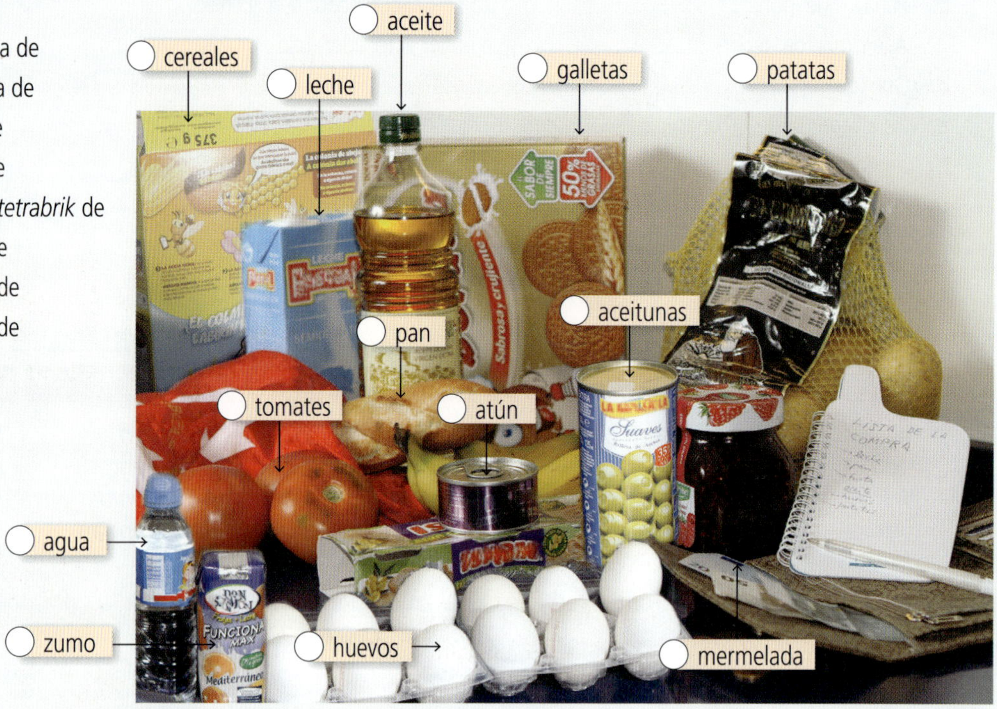

COMUNICA **2. Voy a hacer la compra.**

En parejas. Vivís en la misma casa. Tenéis que hacer la compra para el fin de semana. Habla con tu compañero y escribe una lista de la compra. Solo tenéis 30 euros.

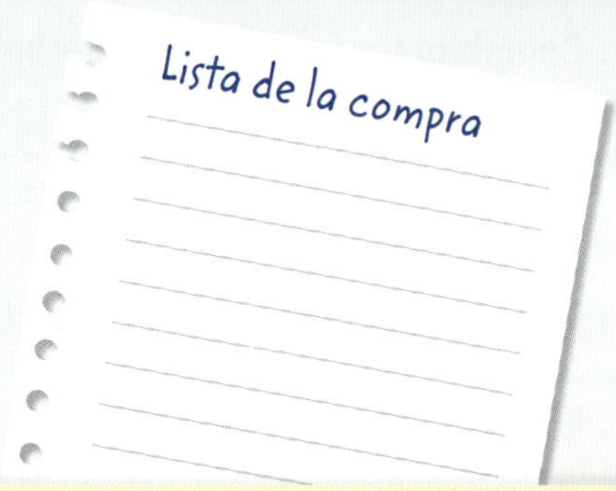

PRONUNCIACIÓN Y ORTOGRAFÍA

LA PRONUNCIACIÓN DEL SONIDO /x/ de las letras *j, g*

«Jamás jamé jamón… jamás lo jamarás».

	a	e	i	o	u
/x/	*ja*	*ge, je*	*gi, ji*	*jo*	*ju*

ESCUCHA 46 **1. ¡A pronunciar!**

Escucha y repite.

a. jamón **b.** jirafa **c.** naranja **d.** agitar **e.** Argentina **f.** ajo **g.** extranjero **h.** jugar

ESCUCHA 47 **2. Elige.**

Escucha y señala qué palabra oyes, 1 o 2.

	a	b	c	d	e	f	g
1	*higo*	*oca*	*bajar*	*justo*	*jamón*	*dice*	*ají*
2	*hijo*	*hoja*	*bazar*	*gusto*	*Ramón*	*dije*	*aquí*

Conoces... Los nombres de los alimentos y de los platos

LÉXICO

7

ESCRIBE

1. ¿Qué comemos?

Escribe la categoría de estos alimentos.

☐ filete de ternera

P merluza

El pescado

☐ fresas

La fruta

☐ zanahorias

☐ arroz

☐ queso

Los productos lácteos

☐ chuletas de cordero

La carne

☐ atún

☐ naranjas

M judías

Las verduras

☐ pasta

Los hidratos de carbono

☐ yogur

OBSERVA COMUNICA

2. La pirámide alimentaria.

Lee este texto, observa la foto y marca en el ejercicio 1 si debemos consumir cada alimento mucho (M) o poco (P).

La pirámide alimentaria es una guía visual que se propone para elaborar una dieta equilibrada. Los alimentos de arriba son los que deben consumirse menos y los que están abajo son los que se deben consumir más y con más frecuencia.

POCO

MUCHO

LEE

3. ¡Vamos a poner la mesa!

Lee las frases y relaciona los objetos de la foto con las palabras en negrita.

Primero ponemos el **mantel** sobre la mesa. Después ponemos los **platos** para la comida. Ahora ponemos los cubiertos al lado de cada plato. Estos son los cubiertos: la **cuchara** es para tomar la sopa, el **tenedor** para pinchar, el **cuchillo** para cortar y la **cucharilla** para el postre. También colocamos una **servilleta**. Con ella nos limpiamos la boca. Por último, ponemos una jarra de agua, y **copas** para beber.

LEE

4. ¿Nos trae la carta, por favor?

Lee el menú y contesta las preguntas.

Menú del día:

Primero (a elegir):

Ensalada mixta

Tortilla de gambas

Judías blancas

Sopa castellana

Segundo (a elegir):

Chuletas de cordero

Filete de pollo

Merluza en salsa

Calamares a la romana

Postre (a elegir):

Arroz con leche

Tarta de chocolate

Fruta del tiempo (manzana/pera)

Café

Bebidas (a elegir):

Agua mineral

Refresco: naranja, limón

Cerveza sin alcohol

10 €

Bebida, pan y postre incluidos.

1. ¿Qué platos contienen huevo?
2. ¿Qué platos son adecuados para una dieta vegetariana?
3. ¿Qué pescado se puede tomar?
4. ¿Qué tipos de carne hay en el menú?
5. ¿Qué platos se comen con cuchara (incluidos los postres)?

COMUNICA

5. A tu gusto.

Discute en grupos.

- ¿Qué cosas te gustan y cuáles no?
- Si haces dieta para adelgazar, ¿qué te conviene?
- ¿Qué platos crees que son más adecuados para verano?

LEE

1. A cocinar.

Lee la receta y escribe las acciones subrayadas debajo de las fotos.

Salmorejo cordobés

Ingredientes para 2-4 personas:
500 gramos de tomates rojos bien maduros
100 gramos de pan duro
100 ml de aceite de oliva
1 diente de ajo
Sal al gusto

Receta

- Corte el pan en trozos pequeños.
- Lave, pele y corte los tomates en varios trozos. Ponga los trozos sobre el pan. Añada sal.
- Si está muy duro, deje el pan con el tomate durante 30 minutos, si no pase al siguiente paso.
- Pele y corte el ajo en varios trozos. Añada el ajo al pan y al tomate.
- Añada también el aceite de oliva y bata todo con la batidora muy fino.
- Por último, ponga el salmorejo en la nevera. Sirva el salmorejo bien fresco. Si quiere, puede acompañarlo con trozos de jamón serrano, huevo duro y unas gotas de aceite de oliva.

a

b

c

d

e

f

ESCRIBE

2. Una receta.

Ahora marca las frases como verdaderas o falsas.

	V	F
a. El principal ingrediente del salmorejo es el tomate.	☐	☐
b. El salmorejo es un plato frío y refrescante.	☐	☐
c. Hace falta siempre cuchara para tomar el salmorejo.	☐	☐
d. Lo primero es lavar, pelar y cortar los tomates.	☐	☐
e. Hay que cortar y batir todos los ingredientes.	☐	☐
f. Es obligatorio añadir jamón y huevo duro.	☐	☐

ESCUCHA 48

3. Acerca de la comida.

A1 DELE

Escucha estas conversaciones y contesta las preguntas.

a. El cliente quiere el melón que está…
  1. … al lado del vendedor.
  2. … al lado del cliente.
  3. … lejos de los dos.

b. ¿Qué pide el cliente?
  1. Dos vasos de agua.
  2. Dos cafés.
  3. Dos raciones de churros.

c. ¿Dónde están?
  1. En el diálogo a.
  2. En el diálogo b.

interactúa

Explicas tu receta favorita

a. Elige un plato que te gusta mucho. Puede ser o no de tu país.
b. Anota los ingredientes y las cantidades.
c. Explica cómo se hace.

A1 DELE

CONOCES...

La tortilla española y la hispanoamericana

LEE

La tortilla española

El plato preferido de los españoles es la tortilla de patatas entre más de 35 platos de nuestra gastronomía, como el gazpacho, la paella, las croquetas, el cocido o los calamares, según el *Estudio Coca-Cola: Comer y beber en verano.*

La tortilla se prepara con patatas y huevos. Hay una variedad con cebolla. El aceite de oliva es, naturalmente, esencial. Además, se pueden añadir otros ingredientes, como pimientos, chorizo, salsa mayonesa, etc. Se come como ración, como tapa, o en bocadillo. Se toma caliente o fría.

La tortilla de América Central

Esta es una tortilla muy diferente. Está hecha de pasta de maíz cocida. Es la base de muchas recetas mexicanas, como las enchiladas, los tacos y las quesadillas. También se come en toda Centroamérica. En Colombia y Venezuela la llaman *arepa*, pero la forma de cocinarla es parecida.

La gente compra tortillas en las numerosas *tortillerías*. Incluso se pueden comprar tortillas hechas en la calle.

Después solo hay que rellenar la tortilla con los ingredientes preferidos: queso, jamón, chile, carne picada, etc. En realidad es el mismo sistema que la *pizza:* masa de harina cocida como soporte: se rellena, se toma con las manos y... ¡a comer! Sin duda es su sencillez lo que hace a la tortilla tan popular.

¿Por qué tienen el mismo nombre de *tortilla* si son tan diferentes? Pues por la forma de *torta*, es decir, de disco, redondo y plano. *Tortilla* significa simplemente *torta pequeña*.

Contesta a las preguntas. A1 DELE

1. La tortilla de patatas es típica de...
- **a.** América del Sur.
- **b.** España.
- **c.** América Central.

2. ¿Qué ingrediente se puede añadir a la tortilla de patatas?
- **a.** Maíz.
- **b.** Carne.
- **c.** Cebolla.

3. La tortilla de América Central está hecha normalmente con...
- **a.** trigo.
- **b.** maíz.
- **c.** patatas.

4. ¿Cómo se come la tortilla americana?
- **a.** Sola.
- **b.** Rellena.
- **c.** Mojada en bebidas.

5. ¿Comen tortillas en Colombia y Venezuela?
- **a.** Sí, pero las llaman *arepas*.
- **b.** Sí, y las llaman *tortillas.*
- **c.** No, ahí comen arepas, que son muy diferentes.

6. ¿Por qué tienen el mismo nombre las dos tortillas?
- **a.** Por su origen español.
- **b.** Por su forma redonda y plana.
- **c.** Por el nombre de su inventor.

El malecón, La Habana, Cuba

DE VACACIONES 8

Competencia pragmática

Eres capaz de...

- identificar y describir un lugar o un objeto
- hablar por teléfono
- hacer una reserva en un hotel
- definir una palabra

Competencia lingüística

Puedes...

- utilizar los adjetivos *buen/bueno* y *mal/malo* y los adverbios *bien/mal* y *muy/mucho*
- explicar la causa con *porque* y expresar la finalidad con *para* + infinitivo
- formar oraciones de relativo con *que*
- utilizar los pronombres interrogativos *quién* y *quiénes*

Competencia léxica y sociolingüística

Conoces...

- los nombres relacionados con los medios de transportes
- los nombres relacionados con las vacaciones y los hoteles
- las profesiones del turismo
- los paradores en España

Interactúa

- reservas una habitación en un hotel

¿EN QUÉ SE DIFERENCIA UN BUEN HOTEL DE UNO MALO?

- ☐ Las habitaciones están limpias.
- ☐ Tiene muchos servicios: restaurante, aparcamiento, piscina, sauna, discoteca, etc.
- ☐ Está cerca de la playa/en el centro de la ciudad.
- ☐ Otras cosas (explícalas).

Describe un hotel *muy* malo que tú conoces, y uno que te gusta *mucho* y explica por qué.

COMPLETA LAS FRASES.

- Quiero viajar a (di el nombre del país), para conocer/probar...
- Quiero tener tiempo libre para...

Expresa otro deseo con tus palabras.

¿QUÉ HACEN ESTAS PERSONAS?

a. El taxista es el que...	**1.** ... te da información sobre una ciudad.
b. El guía es el que...	**2.** ... te atiende en un hotel.
c. El recepcionista es el que...	**3.** ... te lleva donde tú quieres.

NEREA Y RUBÉN EN EL HOTEL

ESCUCHA 49

1. **Escucha y contesta las preguntas.**

Rubén: Bueno, ¿te gusta el hotel?
Nerea: Sí, me gusta mucho. Es muy moderno y está muy limpio.
Rubén: Pero en el comedor siempre encontramos mucha gente.
Nerea: Sí, en verano vienen aquí muchos turistas.
Rubén: Mira, el pianista está tocando. Toca bien, ¿verdad?
Nerea: Sí, es un pianista muy bueno. No como yo. Yo toco muy mal.
Rubén: ¡Bueno, tú no eres una profesional!
Nerea: ¡Qué buen amigo eres! Nunca dices nada malo de mí.
Rubén: Bueno, es que no tienes nada malo, ¿verdad?
Nerea: ¡Ja, ja, ja! ¡Así se habla! Bueno, ¿qué hacemos después de comer?
Rubén: No sé. ¿Ponen algo bueno en la tele?
Nerea: ¿Ver la tele? No me apetece mucho. Podemos ir a la sauna y al gimnasio.
Rubén: ¿Después de comer? Prefiero algo tranquilo: en la piscina podemos tomar el sol y descansar muy bien.
Nerea: Hum, vale, me apunto.

a. ¿Qué dos cosas buenas tiene el hotel?
b. ¿Qué cosa mala tiene el hotel?
c. ¿Cómo toca el pianista del hotel? ¿Y Nerea cómo toca?
d. ¿Quién quiere ver la tele?
e. ¿Qué tiene de malo ir a la sauna y al gimnasio?
f. ¿Se ponen de acuerdo al final? ¿Qué van a hacer?

¿BIEN O MAL?

ESCRIBE

2. **Completa con *bien, buen, bueno/a/os/as,* o *mal, malo/a/os/as.***

a. - Este retrato está bastante .... pintado.
- ¡Qué raro porque es un .... pintor!

b. - Mis hijas son .... dibujantes. Mira este dibujo.
- ¡Es verdad, dibujan muy ....!

c. Cierra .... la tapa. Se va a salir el agua.

TU OPINIÓN IMPORTA

INTERACTÚA

3. **En parejas. Intercambia opiniones sobre diversas cosas que os interesan a los dos. Expresa tu opinión en cada tema como en los ejemplos.**

música cantante/músico/grupo que canta, toca, etc., bien o mal.

deportes jugadores/equipos buenos o malos.

amigos conocidos o familiares que hacen algo bien/mal o que son buenos/malos haciendo ciertas cosas.

Ejemplos:
- *Los Muertos Vivientes son un grupo muy malo. Los guitarristas tocan muy mal. Solo hacen ruido.*
- *Keylor Navas es muy buen portero. Juega muy bien.*

¡ES MUY BONITO, ME GUSTA MUCHO! COMUNICA

4. En parejas. Por turnos, contesta las preguntas con *muy* o *mucho/a/os/as*, como en los ejemplos.

Ejemplos:

- *¿Te gustan los boleros?*
- *No, no me gustan mucho. Prefiero la música moderna. ¿Y a ti?*

- *¿Estás contenta en España?*
- *Sí, gracias. Estoy muy contenta. ¿Y tú?*

a. ¿Te gusta leer?
b. ¿Tu casa es grande?
c. ¿Tu familia es grande?
d. ¿Cómo es tu barrio?
e. ¿Eres tímido/a?
f. ¿Cuántos libros tienes?

CURIOSIDADES LEE

5. Relaciona las preguntas con las respuestas con la ayuda de las fotos.

PREGUNTAS

a. ¿Para qué comen los españoles doce uvas durante las campanadas de Nochevieja?

b. ¿Por qué la bandera de México tiene un águila comiendo una serpiente?

c. ¿Por qué es famosa la Isla de Pascua, en Chile?

d. ¿Para qué sirve un *botijo*?

e. ¿Por qué *hablar en cristiano* significa 'hablar claramente y en español'?

f. ¿Por qué hay tantos apellidos españoles acabados en *-ez*?

g. ¿Por qué llamamos *siesta* al reposo después de comer?

h. ¿Por qué queman figuras en la fiesta de las Fallas en Valencia el día de San José (19 de marzo)?

i. ¿Para qué se usan las castañuelas?

RESPUESTAS

1. Porque allí se encuentran unas misteriosas estatuas gigantes prehistóricas.

2. Para beber agua fresca.

3. Porque en la Edad Media los moros, que dominaban gran parte de la península ibérica, llamaban *cristiano* al castellano.

4. Porque viene del latín *horam sextam*, que coincide con el mediodía.

5. Porque los antiguos aztecas decidieron construir esta ciudad sobre el lago de Texcoco cuando vieron allí un águila comiendo una serpiente.

6. Para tener suerte en el año siguiente.

7. Porque esa terminación significaba originalmente 'hijo de'. Así, *Martínez* significaba 'hijo de Martín'.

8. Para acompañar la música en el baile clásico español.

9. Porque antiguamente los carpinteros (San José es el patrón de los carpinteros) quemaban en ese día trastos viejos para limpiar los talleres y bendecirlos.

La cremá

Moáis

12 uvas

Siesta

Castañuelas

Botijo

Bandera de México

¿SABES POR QUÉ Y PARA QUÉ? COMUNICA

6. En grupos de 3 o 4: plantead cuatro preguntas a otro grupo de compañeros, dos con *por qué* y otras dos con *para qué*.

A1 DELE

Un compañero sabrá la respuesta y dirá quién acierta o está más cerca. Disponéis de 3 minutos para adivinar cada pregunta.

PARA AYUDARTE

¿Por qué...?	*Porque* + verbo conjugado
¿Para qué...?	*Para* + infinitivo

NEREA Y RUBÉN IDENTIFICAN A SU GUÍA

ESCUCHA 50

1.a. Escucha estos diálogos, di si las frases son verdaderas o falsas y corrige los errores. Después, identifica la persona que las dice.

Nerea: ¿Quién es nuestra guía?
Rubén: Esa chica.
Nerea: ¿La chica que está al lado del autobús?
Rubén: No, la chica que lleva una cartera en la mano.
Nerea: Ah, sí. ¿Y quiénes son todas esas personas que están a su lado?
Rubén: No sé. Creo que vienen a un congreso de negocios.

Guía: Buenas tardes, señoras y señores. A ver, son ustedes catorce. Faltan dos. ¿Quiénes son?
Cliente 1: Faltan Jaime y Sara. Están en la recepción. Ahora vienen.
Guía: Vale, no hay prisa. ¿Van todos ustedes al congreso ahora?
Cliente 1: No, todos no.
Guía: Bueno, los señores que van al congreso pueden subir ya al autobús. ¿Quién no va al congreso?
Cliente 2: Nosotros cuatro. Vamos al centro para hacer unas compras.
Guía: ¿Necesitan un taxi?
Cliente 2: Queremos ir en autobús.
Guía: La parada está en la esquina, a la derecha. Hay dos líneas de autobuses. La línea que va al centro es la 25.

	V	F	Lo dice... Cliente 1	Rubén	Guía
a. La chica que tiene una cartera es la guía.	☐	☐	☐	☐	☐
b. Jaime y Sara son los clientes que van de compras.	☐	☐	☐	☐	☐
c. Los clientes que van al congreso toman un taxi.	☐	☐	☐	☐	☐
d. La línea de autobús que va al congreso es la 25.	☐	☐	☐	☐	☐

b. Ahora, responde a estas preguntas.

a. ¿Quiénes son las personas que están al lado de la guía?
b. ¿Quién pregunta por la guía?
c. ¿Quién ofrece un taxi?
d. ¿Quiénes quieren ir en autobús?

PARA AYUDARTE

LOS PRONOMBRES INTERROGATIVOS

¿Quién?: para una persona (o cuando no se sabe si es una persona o más).

¿Quiénes?: para varias personas.

FAMOSOS ESPAÑOLES E HISPANOAMERICANOS

OBSERVA

2.a. Observa las fotos y los nombres de estos famosos españoles o hispanoamericanos y responde a las preguntas.

Berta Vázquez y Mario Casas

José Andrés

Francisco

Cantantes de Maná

a. ¿Quién es el primer papa americano?
b. ¿Quién es el chef español más conocido en Estados Unidos?
c. ¿Quiénes son los protagonistas de la película *Palmeras en la nieve*?
d. ¿Quiénes forman parte de la banda de *rock* latino más famosa del mundo?

b. En parejas. Elige personajes famosos y escribe cuatro preguntas con *¿Quién/Quiénes?* Después, formula estas preguntas a tu compañero.

> **PARA AYUDARTE**
>
> **EL PRONOMBRE RELATIVO *QUE***
> Permite identificar algo o añadir información sobre esa cosa.
> *Los hoteles* ***que está enfrente de la playa*** *son todos caros.*

ES EL QUE VA DE BLANCO

OBSERVA

3. Mira las fotos de estas personas. Identifica quién es el/la guía, conductor/-a, camarero/a, recepcionista, describiendo algo de cada uno con un relativo.

d *El/La guía es la persona que lleva un paraguas.*

a 
b 
c 
d 

BIENVENIDOS A TOLEDO

ESCRIBE

4. Completa las frases de la izquierda con las oraciones de relativo de la derecha, escogiendo la más adecuada.

« Buenos días y bienvenidos a Toledo. Empezamos aquí el recorrido de la ciudad. Síganme.

a. El edificio .....3..... es el alcázar.
b. Este dulce típico .... se llama mazapán.
c. El río .... se llama Tajo.
d. En Toledo está la mezquita, ..., la sinagoga, ..., y la catedral, ...
e. Este es el mirador del Tajo, ...
f. Este cuadro .... es *El entierro del conde de Orgaz.*

1. que está hecho de almendras
2. que pasa por Toledo
3. que vemos a nuestra derecha
4. que es el de los judíos
5. que es el templo de los musulmanes
6. que es el templo cristiano
7. que es del Greco
8. que tiene una maravillosa vista de la ciudad. »

EL JUEGO DE LA MEMORIA

INTERACTÚA

5. En grupos de 3 o 4.

Todos los jugadores miran durante dos minutos al resto de los compañeros e intentan memorizar su ropa y aspecto.
Después, cada jugador prepara tres preguntas sobre alguien de la clase:
¿Quién es la persona **que** *lleva botas negras?*
¿Quiénes son las personas **que** *llevan gafas?*
El primer jugador en contestar correctamente gana un punto. Al final gana quien reúne más puntos.

8 Puedes...

Evalúate

Total ____ / 34

Utilizar *bueno* y *malo*, *muy* y *mucho*, *porque* y *para*, el relativo *que*

BUEN/BUENO Y *MAL/MALO*

Cuando el adjetivo va delante de un nombre masculino singular, se usa **buen** y **mal**.
Este es un buen hotel. *Tengo un mal recuerdo.*
Cuando va detrás, con o sin verbo, se usa **bueno** y **malo**.
Este hotel es bueno. *Tengo un recuerdo malo.*

BIEN/BUENO Y *MAL/MALO*

Los adverbios **bien/mal** modifican verbos y son invariables.
Mi hermana toca bien/mal el piano.
Los adjetivos **bueno/malo** (o **buen/mal**) tienen número y género (**bueno/a/os/as, malo/a/os/as**) y modifican sustantivos.
Eres una buena/mala pianista.

1. Completa con los adverbios *bien/mal* o los adjetivos *buen, bueno/a/os/as* o *mal, malo/a/os/as*.

a. En Cancún siempre te lo pasas .... Hay mucha diversión y fiestas.
b. Tenemos que olvidarnos de los .... recuerdos y recordar solo los ....
c. La tele se ve .... Llama a recepción y diles que tienen que cambiarla.
d. Tengo .... noticias: nuestro vuelo está cancelado.
e. Hay un .... motivo para elegir este hotel: es el más cercano a la playa.
f. ¿Ir a pie a la playa es una .... o .... idea?

/ 8

MUY/MUCHO

Muy modifica adjetivos o adverbios, intensificando su significado.
muy bonito *muy bien*

Mucho/a/os/as modifica sustantivos y se refiere a gran cantidad.
mucho dinero *muchos turistas* *mucha gente* *muchas playas*

Mucho también va con verbos para indicar intensidad, tiempo o cantidad.
Me gusta mucho esta ciudad. *Tenemos que andar mucho.* *En verano bebo mucho.*

2. Introduce *muy* o *mucho/a/os/as* en el texto.

- Hay comida en el bufé y está buena, ¿verdad?
- Sí, pero creo que estamos comiendo y no quiero engordar.
- Bueno, es verdad, pero no comas pan ni bollos, come fruta.
- Mira, hay gente haciendo cola para el café. Vamos a tardar.
- Sí, yo voy a tomar solo un poco de leche. ¿Traigo tostadas?
- Bueno, vale, pero no, ya sabes que no debemos comer.

/ 10

PORQUE + VERBO CONJUGADO Y *PARA* + INFINITIVO

Para explicar el motivo o razón, la causa de un hecho, usamos **porque** introduciendo una oración causal. Es la manera de responder a la pregunta: **¿Por qué...?**
• *¿Por qué prefieres los trenes a los aviones?* • *Porque son más cómodos y puedes andar.*

Para expresar la finalidad de una acción, usamos **para** seguido de un verbo en infinitivo y el resto de una oración final. Responde a la pregunta: **¿Para qué...?**
• *¿Para qué quieres el paraguas? No llueve.* • *Lo quiero para protegerme del sol.*

3. Relaciona las dos partes de cada frase.

a. Llama al aeropuerto
b. Vamos en tren
c. Deja aquí las maletas
d. ¿Por qué tarda tanto el taxi?
e. ¿Para qué sirve este billete?
f. No me pongo la chaqueta

1. para facturarlas.
2. porque es más barato.
3. porque hace mucho calor.
4. para preguntar por los vuelos.
5. Porque viene de muy lejos.
6. Para ir en autobús por toda la ciudad

/6

ORACIONES DE RELATIVO

Que es un pronombre relativo. Con él y con la oración de relativo en la que aparece, identificamos a una persona o una cosa, o damos información adicional sobre ella.
La chica que lleva el paraguas es nuestra guía.
(Se supone que hay varias chicas, pero solo la chica que lleva el paraguas es nuestra guía).

Me gustan los hoteles que tienen piscina.
(Sin la oración de relativo parece que me gustan todos los hoteles; especifico qué clase de hoteles me gustan).

Que es invariable, se usa en referencia a personas o cosas, en masculino o femenino, singular o plural.
¡Ojo! No confundir con el pronombre interrogativo *¿qué?*, con tilde, que sirve para hacer preguntas: *¿Qué hora es?*

4. Forma oraciones de relativo usando las palabras entre paréntesis como en el ejemplo.

Ejemplo: El transporte es el avión (PREFERIR, yo). *El transporte que prefiero es el avión.*

a. Los turistas son sobre todo alemanes e ingleses. (VENIR a esta playa) ....
b. Los hoteles son todos muy caros. (ESTAR incluidos en esta guía) ....
c. Este viaje es muy interesante. (RECOMENDAR, la agencia) ....
d. Prefiero comer en restaurantes pequeños. (no ESTAR llenos de turistas) ....

/4

LOS PRONOMBRES INTERROGATIVOS *QUIÉN/QUIÉNES*

Se usan para hacer preguntas sobre la identidad de personas.
Quién se usa para referirnos a una sola persona o cuando no sabemos si la respuesta va a ser una o varias personas.
- *¿Quién quiere comer en el restaurante del hotel?*
- *La verdad es que todos preferimos comer en un chiringuito de la playa.*

Quiénes siempre se refiere claramente a varias personas.
¿Quiénes son esos dos hombres que están en el mostrador de recepción?

5. Escribe las preguntas que corresponden a estas respuestas. Usa *quién* o *quiénes*.

a. Los turistas que más protestan son los europeos.
b. Esos señores son clientes del hotel.
c. Soy la señora García.
d. No ha llamado nadie a la puerta.
e. ¡Venga! Yo voy contigo al museo.
f. Llamo yo a María.

/6

8 Eres capaz de... hablar por teléfono y actuar en el aeropuerto

ESCRIBE

1. Hotel Miramar.

Relaciona las dos columnas.

Encuentra una persona que...

a. ... responde al teléfono.
b. ... quiere hablar con otra persona.
c. ... quiere saber quién llama.
d. ... responde al teléfono en su lugar de trabajo.
e. ... dice para qué llama.
f. ... tiene problemas para entender. (2)
g. ... tiene problemas para apuntar un dato. (2)
h. ... se ofrece para dar un mensaje a alguien.
i. ... anuncia que va a pasar el teléfono a otra persona.
j. ... dice que es con quien quiere hablar.

1. ¿Puede deletrearlo, por favor?
2. ¿De parte de quién?
3. Ahora se pone.
4. Hotel Miramar. ¿En qué puedo ayudarlo?
5. ¿Diga?
6. ¿Está Luis, por favor?
7. ¿Jiménez con *j* o con *g*?
8. Sí, soy yo, dígame.
9. No está. ¿Quiere dejar un recado?
10. Buenos días. Llamo para reservar una habitación.
11. ¿Puede repetir, por favor?
12. No le oigo bien.

COMUNICA

2. ¿Quién dice qué?

Elige frases de la lista anterior para completar los diálogos.

a. - ¿Está Eva, por favor?
- ....
- ¡Ah!, hola, Eva, soy Patricia, de la academia. Te llamo...

b. - Hotel Bellavista. ¿En qué puedo ayudarlo?
- ....
- Le paso con reservas. No cuelgue, por favor.

c. - ....
- Sí, ahora se pone. ....
- De Sergio.

d. - El segundo apellido es Jiménez.
- ....
- Con jota.

e. - ¿Está el señor Garrido, por favor?
- ....
- Sí, gracias. Llamo para decirle que su traje ya está listo para recoger.
- Yo se lo digo, no se preocupe.

f. - Bue... día... lla... para... reser... ...bitac...
- ¿Oiga? ¿... o puede llamar otra vez?

COMUNICA **3. ¿Dónde están?** ESCUCHA 51

a. Escucha estos diálogos A, B y C y marca dónde tienen lugar.

☐ **1.** EN LA ADUANA ☐ **2.** EN EL CONTROL DE INMIGRACIÓN ☐ **3.** EN LA RECEPCIÓN DE UN HOTEL

b. ¿En qué diálogo...

DIÁLOGO	A	B	C
1. ... una persona pregunta a otra por qué ha venido?			
2. ... una persona confirma que una información es correcta?			
3. ... una persona da ejemplos de cosas?			

c. Identifica la foto.

Diálogo ☐

Diálogo ☐

Diálogo ☐

PRONUNCIACIÓN Y ORTOGRAFÍA

GRUPOS DE LETRAS *CH, CC Y LL*

El grupo **ch** se pronuncia como un solo sonido /ĉ/.

El grupo **cc** se pronuncia como dos sonidos: la primera *c* suena /k/ y la segunda, /θ/.

El grupo **ll** se pronuncia como la letra **y** (ye).

ESCUCHA

1. a. Grupos *ch*, *cc* y *ll*. 52

Escucha y repite.

a. noche **b.** ficción **c.** chica **d.** accidente **e.** mucho **f.** apellido **g.** acción **h.** llave

b. Escucha y di qué palabras contienen cada sonido. 53

	ch	ll	cc
a.			
b.			
c.			
d.			
e.			
f.			
g.			
h.			

2. Tildes y puntuación.

Añade las tildes y otros signos de puntuación necesarios.

a. - Como estas
- Bien gracias

b. - Cuando llega el avion de Bogota
- No lo se pregunte en el mostrador de informacion

c. - Perdone, sabe usted si el autobus 14 para aqui
- Si, enfrente de la estacion de ferrocarril

LÉXICO ▶ Conoces... Los nombres relacionados con las vacaciones y los viajes

LEE

1. Los medios de transporte.

Relaciona los medios de transporte con los lugares. Escribe tres frases utilizando algunas de estas palabras.

a. El coche	**1.** El puerto
b. El autobús	**2.** El aeropuerto
c. El barco	**3.** La parada
d. El tren	**4.** El aparcamiento
e. El avión	**5.** La estación

COMUNICA

2. ¿Te olvidas de algo?

Mira la maleta y lee la lista de María. Marca las cosas que faltan en la maleta.

COMUNICA

3. Nos vamos de viaje.

Completa el texto con estos verbos.

facturar cambiar viajar reservar llamar comprar (2)

- Bueno, vamos a (a) .... a un taxi para ir al aeropuerto. Tenemos tiempo, pero tenemos que (b) .... las maletas, (c) .... dinero en el banco y (d) .... una mesa en ese restaurante que está de moda.
- Oye, y podemos (e) .... entradas por Internet para un espectáculo o una obra de teatro, ¿no?
- Vale. Quiero llevar una bolsa de viaje grande porque quiero (f) .... recuerdos y regalos para toda la familia.
- Sí, pero recuerda que nosotros (g) .... en avión y, si pesan mucho nuestras maletas, pagamos más.

COMUNICA

4. Gente.

Lee las frases y marca quién lo hace, como en el ejemplo.

a. Trabaja en aviones.
b. Conduce un vehículo.
c. Trabaja en un hotel.
d. Explica cosas sobre historia y arte.
e. Te da las llaves de tu habitación.
f. Si te roban la cartera, llámalo.
g. Conduce un autobús.
h. Te vende billetes de transporte y viajes organizados.
i. Te trae comidas a tu habitación.
j. Te lleva en su coche donde tú le dices.

recepcionista

taxista

guía

conductor

camarero de hotel

a.

auxiliar de vuelo

policía

LEE

1. Reserva hotelera.

Lee estos tres anuncios de hoteles y contesta las preguntas.

a. ¿Qué hotel es el mejor...

a. ... si no tienes mucho dinero?

b. ... si te gusta la naturaleza?

c. ... si tienes un perro?

d. ... para tomar el sol?

e. ... para no salir del hotel si no quieres?

f. ... si quieres estar en una zona animada?

b. En grupos. Vais a pasar una semana de vacaciones.

¿Qué hotel preferís? ¿Por qué?

ESCUCHA 54

2. ¿En qué puedo servirle?

a. Escucha la conversación y señala con cuál de los tres hoteles está hablando el señor Garrido.

b. Contesta las preguntas.

a. ¿Para qué llama el señor Garrido?:

1. Para reservar habitaciones. **2.** Para hacer preguntas. **3.** Para quejarse.

b. Las habitaciones tienen una cosa buena, pero otra mala. ¿Qué cosas?

c. ¿A qué hora tienen que dejar las habitaciones?

d. ¿Cómo es el desayuno?

e. ¿Qué parte del hotel dice la recepcionista que es tranquila?

f. ¿A qué distancia está el hotel del centro del pueblo?

1. A 20 kilómetros. **2.** A 20 minutos en autobús. **3.** A 20 minutos andando.

A1 DELE

interactúa — Reservas una habitación en un hotel

A es el cliente y B trabaja en la recepción de un hotel. A llama para reservar habitación. B escoge uno de los tres hoteles del ejercicio 1 (sin decírselo a A) y contesta las preguntas de A.

CONOCES...

Paradores nacionales de Turismo

LEE **Lee el texto.**

Los Paradores de Turismo son una cadena de hoteles de alta categoría. Se sitúan por toda España en elegantes edificios, como castillos, monasterios, palacios y conventos o en lugares de gran belleza histórica, artística o cultural. Además, sus restaurantes ofrecen una cocina tradicional, típica de las diferentes regiones de España. En 1928 se construye el primer parador de turismo en la provincia de Ávila, y hoy son 94 paradores en toda España. En la compañía trabajan más de 3500 profesionales. Con una media de 65 habitaciones, y hoteles en todas las comunidades autónomas (a excepción de Baleares), Paradores de Turismo es la cadena hotelera líder en turismo cultural y de naturaleza. Tiene hoteles en nueve ciudades que son Patrimonio de la Humanidad* y más de la mitad de los paradores están en lugares considerados conjuntos históricos-artísticos y monumentales como el monasterio de Guadalupe o la plaza de la catedral de Santiago de Compostela. Otros muchos están dentro de parques nacionales y en las áreas naturales más interesantes de España.

*La Unesco define como *Patrimonio de la Humanidad* monumentos, objetos, tradiciones y expresiones vivas (usos y fiestas) heredados del pasado.

Parador de Cardona

Parador de Tortosa

Parador de Santiago

Parador de Ronda

Parador de Carmona

Parador de Vielha

1. Elige la opción correcta.

A1 DELE

a. ¿Qué son los paradores nacionales?
1. ☐ Casas rurales **2.** ☐ Hoteles **3.** ☐ Residencias

b. ¿Dónde se encuentran los paradores de turismo?
1. ☐ En las ciudades **2.** ☐ En el campo **3.** ☐ En bellos lugares

c. ¿Qué tipo de cocina tienen?
1. ☐ Tradicional **2.** ☐ Internacional **3.** ☐ Mexicana

d. En España, en la actualidad hay...
1. ☐ 65 paradores **2.** ☐ 3500 paradores **3.** ☐ 94 paradores

2. Contesta las preguntas.

a. ¿A qué tipo de turismo pertenece la cadena de Paradores?

b. ¿Dónde se encuentran los paradores?
En... Y...

c. ¿Existe algo parecido en tu país?

PARADORES
Hoteles & Restaurantes 1928

tus conocimientos de español

ESCRIBE ELIGE LA OPCIÓN CORRECTA Y EVALÚATE

1. - ¿..... se dice *on-line* en español? - En línea o por Internet.

a. Qué b. Cómo c. Dónde

2. Lucía ..... en una clínica veterinaria.

a. trabajan b. trabajas c. trabaja

3. Él es ..... y ella es ..... .

a. brasileña - portugués b. portugués - brasileña c. portuguesa - brasileño

4. - Y tú, ¿..... haces, Daniel? - Soy abogado.

a. qué b. cómo c. dónde

5. - ¿Tú ..... argentino? - No, yo ..... peruano.

a. eres - soy b. es - eres c. soy - es

6. Jean Paul es ..... francés.

a. la nueva estudiante b. el nuevo estudiante c. la nueva estudianta

7. Te presento a ..... compañeros de clase de español. ¡Son fantásticos!

a. mi b. su c. mis

8. ..... son mis amigas chilenas, Natalia y Pilar.

a. Estos b. Esta c. Estas

9. ¿Ustedes ..... correos electrónicos en español?

a. escribís b. escriben c. escribe

10. En mi colegio todos nosotros ..... la historia de España.

a. estudiamos b. estudian c. estudiáis

11. El padre de mi padre es mi ..... .

a. nieto b. primo c. abuelo

12. Mis tías son muy ..... .

a. divertidos b. divertidas c. divertida

13. Somos tres hermanas y no ..... hermanos.

a. tenemos b. tienen c. tenéis

14. Yo ..... con mis amigos los viernes por la noche.

a. salimos b. sale c. salgo

15. - ¿Cómo es tu amigo Juan?
- ..... .

a. Bien, gracias. b. Alto, guapo y atractivo. c. No sabe español.

16. La cocina está ..... fondo ..... pasillo.

a. al - de el b. a el - del c. al - del

17. ¿..... dormitorios tiene tu casa?

a. Cuánto b. Cuántas c. Cuántos

18. Esta calle ..... bastante ruidosa.

a. es b. está c. tiene

19. Yo no ..... hablar italiano muy bien.

a. sabe b. sabes c. sé

20. La televisión .... enfrente del sofá.

a. está b. es c. están

21. ¿Dónde ..... una farmacia cerca, por favor?

a. está b. hay c. tiene

22. ¡Claro que tenemos ..... cine en nuestra ciudad! ..... cine Ideal está en la plaza Mayor.

a. un - El b. el - Un c. el - El

23. El banco ..... a las dos de la tarde.

a. cierran b. cierras c. cierra

24. Mis amigos van a la universidad ..... .

a. a pie b. en pie c. de pie

25. La cafetería está muy cerca. ..... usted recto y está al final de la calle.

a. Sigues b. Sigue c. Sigo

26. ¿A qué hora ..... tú para ir al instituto?

a. se levanta b. te levantas c. me levanto

27. Elena trabaja ..... su novio ..... un banco alemán.

a. en - con b. con - a c. con - en

28. A mis hermanos ..... el chocolate negro.

a. les encantan b. le encanta c. les encanta

29. El monitor viene ..... la piscina ..... las seis y media.

a. de - en b. de - a c. con - a

30. A Raquel ..... mucho montar en bicicleta.

a. les gusta b. le gusta c. le gustan

31. ¡Qué buenas las fresas! ¿Me pone ..... del fondo, por favor?

a. estas b. aquellas c. esas

32. ¿Qué les ..... de postre: fruta o helado?

a. pones b. pone c. pongo

33. ..... tú la puerta, yo no puedo, estoy en el baño.

a. Abre b. Abra c. Abrid

34. - ¿Qué desea?
- ..... de huevos.

a. Un kilo b. Una bolsa c. Una docena

35. ¡No le oigo! ..... usted más alto.

a. Habla b. Hablen c. Hable

36. - ¿Estás contenta en tu nuevo trabajo?
- Sí, ...

a. mucho contenta b. muy contenta c. mucha contenta

37. Claudia es muy ..... amiga. Siempre habla ..... de las demás.

a. mal - mala b. malo - mal c. mala - mal

38. ¿..... son los recepcionistas de este hotel?

a. Quiénes b. Quién c. Qué

39. Buenos días, les escribo ..... reservar una habitación doble.

a. por b. para c. a

40. Me gustan los hoteles ..... tienen gimnasio.

a. porque b. que c. con

Repasa y practica

Gramática

Repasa tus conocimientos de español

COMUNICA

1. Relaciona pregunta y respuesta.

a. ¿Cómo se escribe tu apellido, con hache o sin hache?
b. ¿De dónde es tu compañero de piso?
c. ¿Cuántos amigos tienes en Facebook?
d. ¿Me dices tu número de teléfono móvil?
e. ¿Cuál es tu correo electrónico?
f. ¿Son tus profesores de español simpáticos?
g. ¿Tienes muchos hermanos?
h. ¿Vives en un piso o en un apartamento?
i. ¿Hay muchas tiendas en tu barrio?
j. ¿Qué haces los fines de semana?

1. Sí, claro. Es seis, cuatro, ocho, uno, ocho, dos, siete, cinco, nueve.
2. Hernández con hache.
3. No, solo una hermana.
4. En invierno, me gusta esquiar y en verano, ir a la playa.
5. Es alemán, de Heidelberg.
6. carlosgarcia@gmail.com
7. Sí, mi profesora Carmen es muy simpática y divertida.
8. Tengo bastantes.
9. Sí, hay muchas porque vivo en el centro.
10. En un apartamento pequeño, pero con una terraza grande.

COMUNICA

2. En parejas. Habla con tus compañeros y hazles estas preguntas.

ESCRIBE

3. Ordena el diálogo. En el restaurante.

☐ Camarero: Hola, buenas tardes, ¿tienen reserva los señores?
☐ Clienta: No, solo dos cafés, por favor. ¿Nos trae la cuenta?
☐ Camarero: ¿Y para beber?
☐ Clienta: Pues dos ensaladas, por favor.
☐ Camarero: Muy bien. De primero, tenemos sopa de pollo o ensalada mixta.
☐ Clienta: Vamos a tomar el menú del día.
☐ Camarero: ¿Van a tomar postre?
☐ Clienta: Vale, una merluza y un filete con patatas.
☐ Camarero: Síganme, por favor.
☐ Clienta: Una botella de agua mineral.
☐ Camarero: Aquí tiene la cuenta, señora.
☐ Clienta: Sí, una mesa para dos a nombre de Eva López.
☐ Camarero: Y de segundo: merluza o filete de ternera.

COMUNICA

4. En parejas. Representa un diálogo parecido.

ESCRIBE

5. Marca el intruso y explica por qué.

a. estadounidense, Francia, griego, sueco
b. el restaurante, el hospital, la escuela, el coche
c. los abuelos, la madre, los hijos, los primos
d. vago, generoso, divertido, sociable
e. veinte, treinta, cien, cuarenta
f. la cocina, el dormitorio, la casa, el cuarto de baño
g. la lámpara, el sofá, el pasillo, el sillón
h. diez, primero, segundo, tercero
i. lejos, farmacia, cerca, enfrente
j. teatro, natación, atletismo, ciclismo

ESCRIBE

6. Escribe los números en letra.

19. .... 28. .... 37. .... 41. .... 56. ....

62. .... 78. .... 80. .... 99. .... 950. ....

ESCRIBE

7. Mira estos relojes y escribe la hora.

a .... b .... c .... d .... e .... f ....

ESCRIBE

8. Completa con *hay* o *está(n)*.

a. - Perdone, ¿...... una farmacia cerca de aquí?
   - Sí, ... una al final de la calle.
b. ...... una biblioteca en mi barrio y ...... enfrente de mi instituto.
c. Los bares de tapas ...... en el centro histórico.
d. En España ...... muchos restaurantes de cocina mediterránea.
e. La frutería ...... al lado de la carnicería.
f. Va a la universidad a pie porque ...... cerca de su casa.
g. En el centro comercial ...... muchas tiendas de ropa.
h. Cádiz ...... lejos de Madrid, a unos 690 kilómetros.

ESCRIBE

9. Escribe los artículos determinados o indeterminados que faltan.

a. .... padres de Bruno son muy agradables. .... padre se llama Luis y .... madre, Pilar.
b. Madrid tiene .... museos muy bonitos. .... Museo del Prado, por ejemplo, es fantástico.
c. Francisco tiene .... ojos marrones, ... pelo negro y .... barba también morena.
d. En esta calle hay .... teatro, pero .... teatros más famosos están en el Barrio de las Letras.
e. Me encantan .... películas en versión original subtitulada.
f. En la zona universitaria hay .... cafeterías muy baratas. Mi favorita es .... cafetería Brasilia.

ESCRIBE

10. Completa con un adjetivo posesivo.

a. - Pedro, Alicia, ... ciudad es Barcelona, ¿verdad?
   - Sí, ... ciudad es Barcelona. ...... familias son de aquí.
   - Alicia, ¿cuál es .... lugar preferido de Barcelona?
   - ¿....... lugar preferido? La playa, por supuesto.
   - Pedro, y para ti, ¿cuáles son .... lugares preferidos?
   - Bueno, ... lugares preferidos son el Parque Güell y la Sagrada Familia.

b. - Doña Blanca, ¿estos son .... alumnos de Matemáticas?
   - Sí, todos estos son .... alumnos. Son estupendos.
   - ¿Y todos .... alumnos son españoles?
   - No, muchos de .... alumnos son extranjeros. .... colegio es internacional.

c. - Vicente, María José, ¿es este .... piso nuevo?
   - Sí, este es .... piso; y te presentamos a .... mascotas.

Gramática

ESCRIBE

11. Escribe los demostrativos.

a. - ¿Qué tartas prefieres?
- A mí me gustan más .... tartas de chocolate de aquí.

b. .... chicas de allí son mis compañeras de piso.

c. .... casas de ahí son muy caras. Tienen piscina, pistas de pádel y garaje.

d. - ¿Cuáles son tus maletas?
- .... de allí, las marrones grandes.

e. .... personas de ahí trabajan en el restaurante de mi barrio.

f. .... señor que está allí al fondo es nuestro médico.

ESCRIBE

12. Completa con los verbos irregulares.

a. Me aburro mucho los fines de semana porque no (hacer) .... nada, solo (salir) .... a veces al cine.

b. Yo (tener) .... el pelo rubio, pero mis hermanos lo (tener) .... moreno.

c. - ¿Tú (ser) .... de Uruguay?
- No, yo (ser) .... de Paraguay.

d. - Señor, ¿dónde le (poner, yo) .... la mesa nueva?
- No (saber, yo) ...., pues aquí mismo.

e. - ¿(Venir, tú) .... con frecuencia a este restaurante?
- No, la verdad, solo (venir, yo) .... cuando hay paella.

f. - ¿Me (dar) .... usted las llaves, por favor?
- No se las (dar, yo) .... porque yo no las (tener) ....

g. - Chicos, ¿(ir, nosotros) .... al Museo de la Ciencia mañana lunes?
- Imposible, creo que los museos (cerrar) .... los lunes.

h. - ¿Cómo (ir, yo) .... al mercado de frutas?
- (Seguir, tú) .... recto y está a la derecha.

ESCRIBE

13. Escribe los verbos reflexivos y relaciona las dos partes.

a. - ¿A qué hora (acostarse) .... tú?

b. - ¿(Ducharse, tú) .... por la noche o por la mañana?

c. - ¿A qué hora (levantarse) .... tu marido y tú?

d. - ¿(Vestirse) .... tus hijos pequeños solos?

1. - Nosotros (levantarse) .... a horas diferentes. Mi marido (levantarse) .... a las 7:45 y yo (levantarse) .... a las 6:30.
2. - Muy temprano, normalmente yo (acostarse) .... a las 22:30.
3. - Bueno, el mayor, Alberto, (vestirse) ..... solo, pero los dos pequeños, Lucas y Paula, no (vestirse) ..... solos. Hay que ayudarles.
4. - Yo (ducharse) .... por la noche porque así, por la mañana, no tengo prisa para ir al trabajo.

ESCRIBE

14. Escribe el verbo en la forma correcta.

Los gustos deportivos de Enrique y su familia

Enrique es mi mejor amigo. Compartimos muchas cosas, por ejemplo, a él y a mí nos (gustar) .... mucho los deportes. Pero a Enrique le (encantar) .... el golf y a mí no me (gustar) .... mucho. A los dos nos (encantar) .... ir al gimnasio, aunque no nos (gustar) .... nada correr en la cinta. Sin embargo, a los hermanos de Enrique les (encantar) .... correr maratones. A nosotros dos nos (gustar) .... más los deportes de equipo, como el baloncesto o el fútbol. Jugamos muchos partidos. A los primos de Enrique les (gustar) .... los deportes acuáticos, el esquí, la pesca y el submarinismo.
En general, a mí me (encantar) .... los bailes latinos como la salsa, pero a Enrique no le (gustar) .... demasiado. Él prefiere bailes de salón como el tango.
Bueno, y además de los deportes nos (gustar) ..... muchas más cosas, claro.

ESCRIBE

15. Completa con los verbos en imperativo.

a. Jonathan no te entiende. (Hablar, tú) .... más despacio.
b. (Abrir) .... tú la puerta, yo no puedo.
c. Lolita, (beber, tú) .... un poco de agua, hace mucho calor.
d. Niños, (recoger) .... los libros del suelo, por favor.
e. Elisa, (bajar) .... la televisión, está muy alta.
f. Por favor, (poner) .... ustedes los exámenes en la mesa.
g. Isabel, antes de salir a jugar, (hacer) .... los deberes de Geografía.
h. Chicos, (venir) .... a tomar unos bocadillos.

ESCRIBE

16. ¿Cuánto sabes?

- ¿Qué platos típicos conoces? Por ejemplo, la paella...
- Nombra lugares de entretenimiento. Por ejemplo, la discoteca...
- Di nombres de alimentos. Por ejemplo, el yogur...
- Enumera países de habla hispana. Por ejemplo, Honduras...
- Nombra todo lo que hay en un hotel. Por ejemplo, la recepción...
- Di nombres de tiendas. Por ejemplo, la panadería...
- Cuenta del uno al cien de diez en diez. Por ejemplo, diez...

COMUNICA

17. Práctica oral.

En grupos de tres, entrevista a tus compañeros preguntando: nombre, nacionalidad, edad, lugar donde vive, profesión, aficiones, etc. Luego, cambia de grupo y presenta a tus compañeros a los demás. Por ejemplo: *Estos son Thomas y Claire. Son ingleses. ...*

ESCRIBE

18. Escribe las palabras que faltan.

El blog de Paula

Hola, ... llamo Paula, ... 24 años y .... bloguera. .... para una revista de moda y viajes. .... llama *Tendencias*. .... de Salamanca, pero ahora .... en Madrid. Voy a trabajar .... metro. Mi casa .... lejos de la oficina. Cerca de allí .... un restaurante que .... bastante bueno. Me gusta .... el menú que ofrecen. Siempre .... a las dos de la tarde y pido un primero, un .... y un ....

Mis .... de trabajo se .... David y María. Son dos periodistas, ... de Bogotá. .... artículos son muy interesantes. Juntos, nosotros .... muchas cosas aparte de escribir. .... al extranjero. Nos encanta París y .... muchos museos. A veces, ... al cine o a tomar algo. Ellos .... catalán porque quieren irse a vivir a Barcelona.

ESCRIBE

19. Escribe un párrafo parecido hablando de ti.

El blog de...

El género y el número

GÉNERO DE NOMBRES Y ADJETIVOS

	Masculino	Femenino
terminados en *-o*	*el veterinario*	*la veterinaria*
terminados en consonante	*Él es francés.*	*Ella es francesa.*
con la misma terminación	*el/la periodista* *el/la estudiante* *Él/Ella es iraní.* *Él/Ella es canadiense.*	

U1, p. 12

EL PLURAL DE LOS NOMBRES Y DE LOS ADJETIVOS

Singular	Plural
compañero – compañera	*compañer**os** – compañer**as***
*café – caf**és***	
profesor – profesora	*profesor**es** – profesor**as***
*iraní – iraní**es***	
*rey – rey**es***	

U2, p. 24

ADJETIVOS CALIFICATIVOS

Concuerdan en género y número con el nombre al que acompañan.

	Singular	Plural
Masculino	*Niño moren**o***	*Niños moren**os***
Femenino	*Chica alt**a***	*Chicas alt**as***

Ejemplo:
Mi prima es alta y morena.

U3, p. 36

Los artículos

ARTÍCULOS DETERMINADOS

	Singular	Plural
Masculino	***el***	***los***
Femenino	***la***	***las***

Ejemplo:
el hijo *los hijos*
la hija *las hijas*

La contracción

El artículo determinado masculino se contrae con las preposiciones *a* y *de*:

a + el = al *Mi hermana está **al** lado de mi padre.*

de + el = del *El hijo **del** vecino se llama Héctor.*

U3, p. 36

RECUERDA

El artículo determinado se usa para hablar de algo o alguien conocido o mencionado con anterioridad.
- *Perdone, ¿dónde está **la** cafetería Riofrío?*
- *En la plaza de Colón.*

U5, p. 60

ARTÍCULOS INDETERMINADOS

	Singular	Plural
Masculino	***un** supermercado*	***unos** supermercados*
Femenino	***una** farmacia*	***unas** farmacias*

El artículo indeterminado se utiliza para hablar de algo o alguien desconocido o no mencionado con anterioridad.
- *¿Hay **una** gasolinera cerca?*

U5, p. 60

U5, p. 61

Las preposiciones y los adverbios de lugar

USO DE LAS PREPOSICIONES *A, DE, EN, CON*

A: Con las horas. *Maribel come **a** las dos y media.*
DE: Origen. *Vengo **de** la universidad.*
EN: Lugar. *Trabaja **en** un banco.*
CON: Compañía. *Estudio **con** mi hermana Pepa.*

U6, p. 72

PREPOSICIONES Y ADVERBIOS DE LUGAR

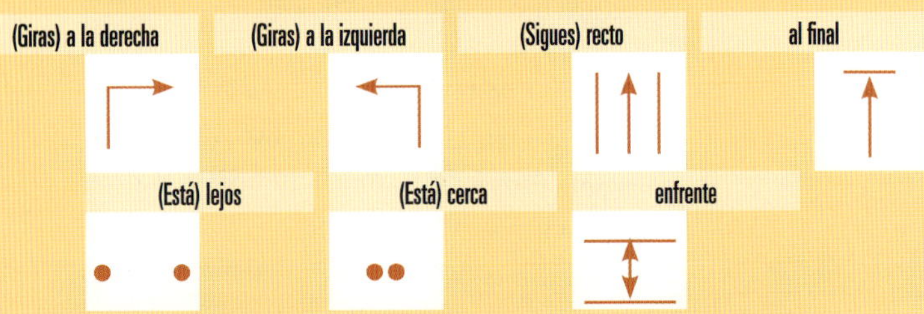

LOCUCIONES ADVERBIALES DE LOCALIZACIÓN

Al lado de: muy cerca. *La cocina está al lado del recibidor.*
A la derecha (de): *El salón está a la derecha del dormitorio principal.*
A la izquierda (de): *El dormitorio principal está a la izquierda del salón.*
Al fondo (de): *El dormitorio principal está al fondo, a la izquierda.*
Entre: *El otro dormitorio está entre el dormitorio principal y la cocina.*
Enfrente de: *La cocina está enfrente del cuarto de baño.*

U4, p. 49

Los interrogativos

INTERROGATIVOS

Preguntar...	
nombre y apellidos	¿**Cómo** te llamas?
el significado	¿**Cómo** se dice?
por el lugar de residencia	¿**Dónde** vives?
por el origen/la nacionalidad	¿De **dónde** eres?
por el trabajo	¿**Qué** haces?

U1, p. 13

EL PRONOMBRE INTERROGATIVO *CUÁNTO*

	Singular	Plural
Masculino	¿Cuánto...?	¿Cuántos...?
Femenino	¿Cuánta...?	¿Cuántas...?

Los cuantificadores

++ Mucho/a	+ Bastante	– Poco/a
++ Muchos/as	+ Bastantes	– Pocos/as

U4, p. 48

Quién, quiénes

LOS PRONOMBRES INTERROGATIVOS *QUIÉN/QUIÉNES*

Se usan para hacer preguntas sobre la identidad de personas.
Quién se usa para referirnos a una sola persona o cuando no sabemos si la respuesta va a ser una o varias personas.
- *¿Quién quiere comer en el restaurante del hotel?*
- *La verdad es que todos preferimos comer en un chiringuito de la playa.*

Quiénes siempre se refiere claramente a varias personas.
¿Quiénes son esos dos hombres que están en el mostrador de recepción?

U8, p. 97

Los adjetivos y pronombres posesivos

ADJETIVOS POSESIVOS (II)

UN SOLO POSEEDOR
Se utiliza la misma forma para masculino y femenino

	1.ª persona (Yo)	2.ª persona (Tú)	3.ª persona (Él/ella/Ud.)
Singular (una persona/cosa)	*mi*	*tu*	*su*
Plural (varias personas/cosas)	*mis*	*tus*	*sus*

VARIOS POSEEDORES

	1.ª persona (Nosotros/as)	2.ª persona (Vosotros/as)	3.ª persona (Ellos/ellas/Uds.)
Singular (una persona/cosa)	nuestro/nuestra	vuestro/vuestra	su
Plural (varias personas/cosas)	nuestros/nuestras	vuestros/vuestras	sus

U3, p. 37

Los adjetivos y pronombres demostrativos

Adverbios de lugar

Se utilizan para marcar la distancia.
- *Quiero esas manzanas de ahí, por favor.*
- *No están mal, pero mejor estas de aquí.*
- *¿Y aquellas, las de allí, cómo están?*

U7, p. 84

También existen formas neutras de los pronombres demostrativos: **esto**, **eso**, **aquello**.
Se emplean para hablar de un objeto que tenemos delante o de lo que alguien acaba de decir. No se usan para hablar de personas o animales.

- *¿Qué es* ***eso****?*
- *No sé. Creo que es una especie de motor.*

- ***Esto*** *no me gusta nada. («lo que estamos viendo u oyendo»).*

ADJETIVOS Y PRONOMBRES DEMOSTRATIVOS

		Cerca del hablante	A poca distancia	Lejos del hablante
Singular	Masculino	*este*	*ese*	*aquel*
Singular	Femenino	*esta*	*esa*	*aquella*
Plural	Masculino	*estos*	*esos*	*aquellos*
Plural	Femenino	*estas*	*esas*	*aquellas*
ADVERBIOS DE LUGAR		*aquí*	*ahí*	*allí*

U7, p. 84

aquí ahí allí

U7, p. 84

Adjetivos *bueno/malo*

BUEN/BUENO Y *MAL/MALO*

Cuando el adjetivo va delante de un nombre masculino singular, se usa **buen** y **mal**.
Este es un buen hotel. *Tengo un mal recuerdo.*
Cuando va detrás, con o sin verbo, se usa **bueno** y **malo**.
Este hotel es bueno. *Tengo un recuerdo malo.*

U8, p. 96

Adverbios

BIEN/BUENO Y *MAL/MALO*

Los adverbios **bien/mal** modifican verbos y son invariables.
Mi hermana toca bien/mal el piano.
Los adjetivos **bueno/malo** (o **buen/mal**) tienen número y género (**bueno/a/os/as, malo/a/os/as**) y modifican sustantivos.
Eres una buena/mala pianista.

MUY/MUCHO

Muy modifica adjetivos o adverbios, intensificando su significado.
muy bonito *muy bien*

Mucho/a/os/as modifica sustantivos y se refiere a gran cantidad.
mucho dinero *muchos turistas* *mucha gente* *muchas playas*

Mucho también va con verbos para indicar intensidad, tiempo o cantidad.
Me gusta mucho esta ciudad. *Tenemos que andar mucho.* *En verano bebo mucho.*

U8, p. 96

Porque y *para*

PORQUE + VERBO CONJUGADO Y *PARA* + INFINITIVO

Para explicar el motivo o razón, la causa de un hecho, usamos **porque** introduciendo una oración causal. Es la manera de responder a la pregunta: **¿Por qué...?**
• *¿Por qué prefieres los trenes a los aviones?* • *Porque son más cómodos y puedes andar.*

Para expresar la finalidad de una acción, usamos **para** seguido de un verbo en infinitivo y el resto de una oración final. Responde a la pregunta: **¿Para qué...?**
• *¿Para qué quieres el paraguas? No llueve.* • *Lo quiero para protegerme del sol.*

U8, p. 96

Oraciones de relativo

ORACIONES DE RELATIVO

Que es un pronombre relativo. Con él y con la oración de relativo en la que aparece, identificamos a una persona o una cosa, o damos información adicional sobre ella.
La chica que lleva el paraguas es nuestra guía.
(Se supone que hay varias chicas, pero solo la chica que lleva el paraguas es nuestra guía).

Me gustan los hoteles que tienen piscina.
(Sin la oración de relativo parece que me gustan todos los hoteles; especifico qué clase de hoteles me gustan).

Que es invariable, se usa en referencia a personas o cosas, en masculino o femenino, singular o plural.
¡Ojo! No confundir con el pronombre interrogativo *¿qué?*, con tilde, que sirve para hacer preguntas: *¿Qué hora es?*

U8, p. 97

Verbos en presente

¡OJO!

Los pronombres *yo, tú, él, ella, usted, nosotros/as, vosotros/as, ellos/as, ustedes* no suelen usarse. Por eso se ponen entre paréntesis.

VERBOS EN PRESENTE

	TRABAJAR	VIVIR	LLAMARSE	SER
(Yo)	*trabaj**o***	*viv**o***	***me** llamo*	*soy*
(Tú)	*trabaj**as***	*viv**es***	***te** llamas*	*eres*
(Él/ella/Ud.)	*trabaj**a***	*viv**e***	***se** llama*	*es*
(Nosotros/as)	*trabaj**amos***	*viv**imos***	***nos** llamamos*	*somos*
(Vosotros/as)	*trabaj**áis***	*viv**ís***	***os** llamáis*	*sois*
(Ellos/as/Uds.)	*trabaj**an***	*viv**en***	***se** llaman*	*son*

U1, p. 12

VERBOS IRREGULARES

	TENER	SALIR	HACER
(Yo)	***tengo***	***salgo***	***hago***
(Tú)	*tienes*	*sales*	*haces*
(Él/ella/Ud.)	*tiene*	*sale*	*hace*
(Nosotros/as)	*tenemos*	*salimos*	*hacemos*
(Vosotros/as)	*tenéis*	*salís*	*hacéis*
(Ellos/as/Uds.)	*tienen*	*salen*	*hacen*

Estos verbos tienen la misma irregularidad.
La primera persona singular de estos tres verbos acaba en **–go**.

U3, p. 37

VERBOS REGULARES *-AR, -ER, -IR* EN PRESENTE

	verbos en *-ar*	verbos en *-er*	verbos en *-ir*
	ESTUDIAR	VENDER	ESCRIBIR
(Yo)	*estudi**o***	*vend**o***	*escrib**o***
(Tú)	*estudi**as***	*vend**es***	*escrib**es***
(Él/ella/Ud.)	*estudi**a***	*vend**e***	*escrib**e***
(Nosotros/as)	*estudi**amos***	*vend**emos***	*escrib**imos***
(Vosotros/as)	*estudi**áis***	*vend**éis***	*escrib**ís***
(Ellos/as/Uds.)	*estudi**an***	*vend**en***	*escrib**en***

U2, p. 25

VERBOS IRREGULARES

	VENIR	PONER	SABER
(Yo)	*vengo*	*pongo*	*sé*
(Tú)	*vienes*	*pones*	*sabes*
(Él/ella/Ud.)	*viene*	*pone*	*sabe*
(Nosotros/as)	*venimos*	*ponemos*	*sabemos*
(Vosotros/as)	*venís*	*ponéis*	*sabéis*
(Ellos/as/Uds.)	*vienen*	*ponen*	*saben*

U4, p. 49

CONTRASTE *SER* Y *ESTAR*

	SER	ESTAR
(Yo)	*soy*	*estoy*
(Tú)	*eres*	*estás*
(Él/ella/Ud.)	*es*	*está*
(Nosotros/as)	*somos*	*estamos*
(Vosotros/as)	*sois*	*estáis*
(Ellos/as/Uds.)	*son*	*están*

SER:
se utiliza para describir: *la habitación es grande y luminosa.*

ESTAR:
se utiliza para localizar: *la habitación está al lado del cuarto de baño.*

U4, p. 49

Se utiliza

- *Ustedes* siempre en lugar de *vosotros* en gran parte de Hispanoamérica y en las islas Canarias (España). El verbo va en tercera persona del plural.

  Ustedes son muy amables.

- *Vos* en lugar de *tú* en Argentina, Uruguay, Paraguay y en algunas zonas de Centroamérica. La forma verbal es distinta.

  Vos sos muy amable.

U2, p. 25

DIFERENCIA ENTRE *HAY / ESTÁ(N)*

Hay (*haber*) se usa para indicar la existencia de algo o alguien.
Hay + art. indeterminado / *dos, tres…* + sustantivo.
En mi ciudad hay unas plazas muy bonitas.

Está(n) se utiliza para situar en el espacio algo o alguien.
Está(n) + art. determinado / adj. posesivo + sustantivo singular/plural.
- *¿Dónde está mi libro?*
- *Creo que está en el salón.*

U5, p. 60

Verbos en presente irregulares

VERBOS IRREGULARES	IR*	SEGUIR	CERRAR	DAR
(Yo)	voy	sigo	cierro	doy
(Tú)	vas	sigues	cierras	das
(Él/ella/Ud.)	va	sigue	cierra	da
(Nosotros/as)	vamos	seguimos	cerramos	damos
(Vosotros/as)	vais	seguís	cerráis	dais
(Ellos/as/Uds.)	van	siguen	cierran	dan

*El verbo *ir* es completamente irregular.

U5, p. 61

VERBOS REFLEXIVOS	DUCHARSE	ACOSTARSE	VESTIRSE
(Yo)	**me** ducho	**me** acuesto	**me** visto
(Tú)	**te** duchas	**te** acuestas	**te** vistes
(Él/ella/Ud.)	**se** ducha	**se** acuesta	**se** viste
(Nosotros/as)	**nos** duchamos	**nos** acostamos	**nos** vestimos
(Vosotros/as)	**os** ducháis	**os** acostáis	**os** vestís
(Ellos/as/Uds.)	**se** duchan	**se** acuestan	**se** visten

¡OJO!

Acostarse tiene diptongo.
Vestir cambia la e>i.
Me acuesto. Me visto.

U6, p. 72

VERBOS IRREGULARES

	VERBOS CON DIPTONGO			*G* EN 1.ª PERSONA	
	PODER o>ue	QUERER e>ie	PEDIR e>i	TENER g, e>ie	PONER g
(Yo)	p**ue**do	qu**ie**ro	p**i**do	ten**go**	pon**go**
(Tú)	p**ue**des	qu**ie**res	p**i**des	t**ie**nes	pones
(Él/ella/Ud.)	p**ue**de	qu**ie**re	p**i**de	t**ie**ne	pone
(Nosotros/as)	podemos	queremos	pedimos	tenemos	ponemos
(Vosotros/as)	podéis	queréis	pedís	tenéis	ponéis
(Ellos/as/Uds.)	p**ue**den	qu**ie**ren	p**i**den	t**ie**nen	ponen

verbos con la misma irregularidad:
*contar: c**ue**nto, preferir: pref**ie**ro, cerrar: c**ie**rro, entender: ent**ie**ndo, vestir: v**i**sto, etc.*

U7, p. 84

VERBO *GUSTAR*

A mí me gusta/n A ti te gusta/n A él/ella/usted le gusta/n	+ sustantivo singular + infinitivo	*A mí me gusta el deporte.* *A mí me gusta leer.*
A nosotros/as nos gusta/n A vosotros/as os gusta/n A ellos/ellas/ustedes les gusta/n	+ sustantivo plural	*A mí me gustan las películas en 3D.*

El verbo **encantar** se conjuga igual que *gustar* y significa *gustar mucho*.
¿A ti te gusta el chocolate? ¡A mí me encanta!

GUSTAR Y ENCANTAR

+
Me encanta
Me gusta mucho
Me gusta
No me gusta mucho
No me gusta
No me gusta nada
–

U6, p. 73

¡OJO!

* *Me encanta mucho* es incorrecto.

Verbos en imperativo

EL IMPERATIVO AFIRMATIVO

	LOS VERBOS REGULARES			ALGUNOS IRREGULARES		
	HABLAR	BEBER	ABRIR	PONER	VENIR	HACER
(Tú)	habl**a**	beb**e**	abr**e**	pon	ven	haz
(Usted)	habl**e**	beb**a**	abr**a**	ponga	venga	haga
(Vosotros/as)	habl**ad**	beb**ed**	abr**id**	poned	venid	haced
(Ustedes)	habl**en**	beb**an**	abr**an**	pongan	vengan	hagan

Con *vosotros* la forma verbal es igual que el infinitivo, solo cambia la *r* por una *d*.
*Habl**ar*** *habl**ad***

U7, p. 85

Transcripciones

UNIDAD 1

Pista 5

b.

J (jota), C (ce), G (ge), Y (i griega o ye), Ñ (eñe), R (erre), U (u), V (uve), E (e).

Pista 7

a. V-e-r-a-c-r-u-z; b. B-a-r-r-a-n-q-u-i-l-l-a; c. M-é-x-i-c-o; d. C-a-r-t-a-g-e-n-a.

Pista 8

a. ¿Eres español?
b. Se llama Camila.
c. ¿Vive en Cartagena?
d. Es de Colombia.

Pista 9

1.
- ¿Cómo te llamas?
- Me llamo Raúl. Raúl González Martínez.
- ¿De dónde eres, Raúl?
- De Jalisco, México.
- ¿Y eres periodista?
- Sí, trabajo para un periódico: *El Informador*, de Jalisco.

2.
- Alejandra, tú eres colombiana, ¿no?
- Sí, ahora vivo en España, pero soy colombiana, de Cartagena.
- ¿Y qué haces?
- Soy abogada. Trabajo en una empresa española.

3.
- ¿Trabajas o estudias, Leo?
- Soy estudiante, no trabajo todavía.
- ¿De dónde eres?
- Soy de Buenos Aires, soy argentino.
- ¿Y qué estudias, Leo?
- Periodismo.

UNIDAD 2

Pista 10

- ¡Hola! Te presento a unos compañeros de clase: este es Carlos. Es ingeniero. Carlos y yo somos de Toledo, pero vivimos y trabajamos en Madrid.
- ¡Hola!
- Esta es Nuria. Es de Barcelona y vive en Barcelona. Es abogada. Nuria y yo somos muy amigos.
- ¿Qué tal?
- Estos son Juana y Francisco. Son chilenos, de Santiago, pero ahora viven y trabajan en Madrid. Son periodistas.
- Encantada/Encantado.
- Estas son Isabel y Mercedes. Son argentinas, de Buenos Aires. Estudian alemán e italiano en la Escuela Oficial de Idiomas de Madrid. Trabajan en un restaurante.
- ¡Hola!

Pista 11

Diálogo 1
- Hola, ¿cómo estás? Eres la nueva compañera de trabajo, ¿verdad?
- Sí, soy Irene. ¿Qué tal?
- ¿Eres profesora de español?
- No, soy profesora de inglés.
- ¿Y vives aquí en Madrid?
- Sí, estudio también en la universidad.
- ¿Hablas otros idiomas?
- Hablo solo francés.

Diálogo 2
- Buenos días, don Carlos. Esta es la señora Moratti, Elisabetta Moratti.
- Mucho gusto.
- ¡Buenos días! ¿Es usted el director de la Academia?
- Sí, soy Carlos García del Valle.
- Es usted italiana, ¿verdad?
- Sí, de Milano. En español, Milán.
- ¿Y está usted de vacaciones o vive en España?
- Vivo aquí, trabajo en un zoo.

Pista 12

a.

- Señor Martínez, ¿cómo está?
- Muy bien, gracias, doña Alicia. ¿Está ocupada?
- No, pase, pase.

b.

- Hola, Camila. ¿Estás en casa?
- No, estoy en el trabajo.
- ¡Ah!, perdona.

c.

- Buenas tardes. Ustedes son el señor y la señora García, ¿verdad?
- Sí, somos nosotros.
- Yo soy Eduardo Contreras.
- Mucho gusto.
- Encantado.

Pista 13

Si tienes cero euros, no tienes nada de dinero.
Bolt es un campeón, es un número uno.
La bicicleta tiene dos ruedas.
Un triciclo tiene tres ruedas.
Esta silla tiene cuatro patas.
Tenemos cinco dedos en la mano.
Los insectos tienen seis patas.
La semana tiene siete días.
Los pulpos tienen ocho tentáculos.
El embarazo dura nueve meses.

Pista 14

Fútbol:
a. Argentina 3, Paraguay 1.
b. Estados Unidos 2, Costa Rica 0.
Waterpolo:
c. Brasil: 9, Panamá 7.
d. Chile 8, Ecuador 6.
Tenis:
e. primer set: 7-5.
f. segundo set: 6-4.

Pista 15

tra-ba-jar	te-lé-fo-no
sie-te	di-rec-ción
es-tás	me-xi-ca-no
tra-ba-jo	bi-ci-cle-ta
us-ted	es-toy
e-res	Mé-xi-co

Pista 16

- ¿Alba? Hola, ¿qué tal?
- ¡Hombre, José Manuel, qué sorpresa! ¿Qué haces aquí en Sevilla?
- Estoy aquí por trabajo.
- ¿Todavía trabajas en esa empresa francesa?
- Sí, soy comercial. Ahora estoy en Sevilla para visitar a unos clientes.
- Oye, apunta mi teléfono. Es el 623 54 19 07.
- A ver lo repito: 623 54 19 07. ¿Es correcto?
- Sí, sí. ¿Tú trabajas todavía en la clínica?
- Sí, con otras cinco enfermeras. Trabajo por las mañanas.
- ¿Nos vemos esta tarde y me presentas a tu amiga Marta...?
- Ja, ja, ja. Vale.

UNIDAD 3

Pista 17

- ¿Cómo eres físicamente, Pedro?
- Bueno, soy alto, tengo los ojos verdes, el pelo corto y muy moreno. ¡Ah!, y llevo gafas, eso es importante. ¿Y tú, cómo eres, cómo tienes el pelo, largo o corto?
- Largo, rizado y rubio y tengo los ojos azules. Ah, soy bajita.
- ¿Y llevas gafas?
- No, no llevo gafas.
- Muy bien.

Pista 18

- ¿Y tú, Carmen, trabajas mucho?
- No, la verdad es que soy un poco vaga.
- ¿Y tienes muchos amigos?
- Eso sí, soy muy sociable, salgo con mis amigos todos los fines de semana.
  ¿Y tú, Pedro?
- Yo también soy muy sociable, divertido y me gusta mucho salir.

Pista 19

diez	diecisiete	catorce
dieciséis	diecinueve	doce
veinte	quince	once
trece	dieciocho	

Pista 20
30 treinta
40 cuarenta
50 cincuenta
80 ochenta

Pista 21
a. Tengo veintisiete años.
b. Tengo cuarenta y cuatro.
c. Yo, cincuenta y ocho.
d. Tengo treinta y uno.

Pista 22

alfabeto	dieciséis	catorce	hablador
divertido	edad	color	pelo

Pista 23
- Sonia, eres muy joven, ¿vives sola?
- No, vivo con mis padres. Mi hermana mayor, Nuria, vive en Estados Unidos con su hija, y Gabriel tiene su propia casa.
- ¿Y tú, Gabriel? ¿Vives con tu familia?
- Ahora vivo solo. Estoy divorciado. Tengo un hijo de seis años. Vive con su madre, pero pasa los fines de semana conmigo casi siempre.
- Nuria, usted es viuda, ¿verdad?
- Sí, mi marido murió hace cinco años.

UNIDAD 4

Pista 24
Mi casa es pequeña, pero es muy bonita: es un apartamento. Tiene un dormitorio muy amplio y al lado está el cuarto de baño. A la izquierda, está el salón-comedor y al lado del salón-comedor, la cocina. Al fondo del pasillo hay otro dormitorio pequeño para invitados.

Pista 26

alquilar	comedor	cuarto	tercero
quinto	grande	ruidoso	cocina
catorce	mundial	favor	alfabeto

Pista 27
La cama va enfrente de la puerta, al lado de la ventana. La mesa de estudio está debajo del espejo. La planta va al lado de la cama. El armario va al otro lado de la planta, a la derecha de la imagen. La silla va delante de la mesa de estudio. Bueno, el ordenador va encima de la mesa, claro. Ah, y el espejo está en la pared, a la izquierda de la ventana.

UNIDAD 5

Pista 29
- Hay muchas tiendas en tu barrio, ¿verdad?
- Sí, hay una farmacia enfrente de mi casa, hay dos cafeterías, un supermercado, tiendas de ropa… de todo.
- ¿Hay un cine por aquí cerca?
- Sí, está aquí cerca, en la calle Valencia.

Pista 31
b.
novecientos dieciocho
mil doscientos treinta y cuatro
siete mil tres
un millón cuatrocientos mil
cinco millones quinientos mil

Pista 32
Bogotá fácil fútbol veintitrés millón kilómetro

Pista 33
La construcción de El Escorial empieza en 1563 por encargo del rey Felipe II, y termina en 1584. El monasterio tiene unas dimensiones impresionantes: una superficie de 33 327 metros cuadrados, 16 patios, 86 escaleras, 1 200 puertas, 2 673 ventanas. En 1984 es reconocido Patrimonio de la Humanidad por la Unesco.

UNIDAD 6

Pista 35
- Bueno, Isabel, ¿cuándo quedamos para trabajar en el proyecto?
- Bueno, vamos a ver, tenemos clase los lunes, miércoles y viernes toda la mañana, así que no

podemos, ¿no?
- Eso es. ¿Qué tal por las tardes?
- Pues... el lunes por la tarde tengo prácticas, el martes... ¡el martes lo tengo libre!
- Mmm... el martes entreno con el equipo de fútbol. Yo tengo libre el miércoles. ¿Y tú?
- ¡Vale! El miércoles por la tarde no tengo nada. ¿A qué hora quedamos?
- ¿Qué tal a las cinco?
- Vale. Los miércoles a las cinco. ¿Y qué otro día?
- Yo los jueves por la tarde tengo que cuidar de mi hermano pequeño.
- Pues yo los viernes por la tarde estoy ocupada. Doy clases particulares a unos niños. ¿Y los martes por la mañana?
- Mejor otro día, yo ayudo a mi madre en la tienda. Los jueves por la mañana sí puedo.
- ¡Estupendo, yo también! Pues ya está.

Pista 37

a. relajada b. trabajo c. cenar d. cariñosa
e. martes f. compra g. oscuro h. correr

Pista 38

a. coro b. cubra c. pera
d. ahorra e. horno f. cuarto

Pista 39

a. Esta pera está muy rica.
b. Ahora no puedo.
c. Vivo en el cuarto piso.
d. Me gusta cantar en el coro.
e. Mi perro se llama Chiki.
f. Este piso es muy caro.

Pista 40

a. hora b. marrón c. aburrido d. periódico
e. Perú f. compra g. martes h. serio

Pista 41

a. rato
b. toro
c. torre
d. letra

UNIDAD 7

Pista 44

- Elisabetta, ¿te gusta la tortilla de patatas?
- Sí, me gusta mucho.
- Pues hoy tenemos tortilla para comer. ¿Quieres comer en mi casa?
- Muchas gracias, pero te ayudo a hacer la comida.
- Vale, estupendo. Yo te enseño. Es muy fácil. Mira, primero pela y corta unas patatas, luego pon las patatas en una sartén con mucho aceite durante diez minutos. Después, aparte, bate tres huevos.
- Ya está, ¿ahora qué hago?
- Ahora, quita el aceite de las patatas y mezcla las patatas fritas con los huevos batidos fuera de la sartén. Después, pon un poco de aceite en la sartén y añade la mezcla de patatas y huevos.
- Muy bien.
- Oye, ¿y de primero hago una ensalada?
- Sí, me encanta la ensalada.
- Elisabetta, ¿puedes poner la mesa, por favor?
- Claro. ¿Para dos?
- Sí, pon la mesa para dos. Jorge no come en casa hoy, come fuera, en un restaurante. Tiene que trabajar en la oficina por la tarde.

Pista 45

- ¿Mesa para uno, caballero?
- Sí, para uno.
- Muy bien, sígame.

...
- ¿Tiene menú, por favor?
- Sí, de primero tenemos lentejas, ensalada mixta o espaguetis con tomate. De segundo: pollo asado, filete de ternera o salmón a la plancha. ¿Qué va a tomar?
- Sí, de primero quiero lentejas. De segundo, ternera. ¿De postre qué tiene?
- Flan y tarta de queso caseros. También tenemos melón.
- Pues el flan.
- ¿Y para beber?
- Agua mineral sin gas. Una botella grande, tengo mucha sed.
- Muy bien.

...

- ¿Me trae la cuenta, por favor?
- ¿Va a pagar con tarjeta o en efectivo?
- En efectivo.
- Aquí tiene la cuenta.

Pista 46

a. jamón b. jirafa c. naranja d. agitar
e. Argentina f. ajo g. extranjero h. jugar

Pista 47

a. hijo b. oca c. bajar d. gusto
e. jamón f. dice g. aquí

Pista 48

a.
- ¿Siguiente?
- Yo. Póngame un melón pequeño.
- ¿Este de aquí?
- No, ese es grande. Aquel del fondo es más pequeño.
- Vale, de allí. Bueno. ¿Algo más?
- No, nada más, gracias. ¿Cuánto es?

b.
- ¿Qué pongo por aquí, señora?
- Dos cafés con leche, una tostada y unos churros, por favor.
- ¿Cómo quiere la leche, caliente o fría?
- Caliente. Ah, y un vaso de agua también, por favor.
- Enseguida.

UNIDAD 8

Pista 51

A.
- ¿Motivo de su visita?
- Venimos por turismo, queremos conocer España.
- Muy bien. Bienvenidos.

B.
- Tenemos una reserva a nombre de la señora Chris Laval.
- ¿Una habitación doble y una individual?
- Sí, eso es.
- Tengo la reserva para tres noches, de viernes a domingo. ¿Es correcto?
- Sí, nos vamos el lunes por la mañana.

C.
- ¿Algo que declarar?, ¿tabaco, bebidas alcohólicas, perfumes...?
- No, nada.

Pista 53

a. ella b. Chile c. acceso d. millón
e. calle f. lección. g. cheque h. diccionario

Pista 54

A- Buenos días. ¿En qué puedo servirle?

B- Buenos días. Tengo una reserva por Internet en su hotel, pero tengo algunas dudas.

A- ¿A nombre de quién está la reserva?

B- Fernando Garrido. Tres habitaciones para el próximo fin de semana.

A- A ver. Sí, dos dobles... una sencilla... entrada el viernes y salida el domingo.

B- Sí, llegamos el viernes por la tarde y nos vamos el domingo al mediodía o después de comer.

A- Muy bien. El domingo tienen que dejar las habitaciones a las doce, pero pueden guardar las maletas aquí en recepción.

B- Ah, muy bien. ¿Las habitaciones tienen vistas al mar?

A- Eeeh... vamos a ver... sí, las tres habitaciones son con vistas al mar, pero una está en un piso distinto. ¿No le importa?

B- Bueno... no, vale, da igual.

A- El desayuno está incluido. ¿Quiere incluir comidas también?

B- No, gracias. ¿Cómo es el desayuno?

A- Es desayuno de bufé libre. Hay muchos platos para elegir.

B- Muy bien. La piscina es solo para clientes del hotel, ¿verdad?

A- Sí, claro. Hay poca gente. Es muy tranquila.

B- ¿Y el hotel está lejos del centro del pueblo?

A- Bueno, no mucho. Andando está a 20 minutos, pero hay un autobús que va al centro.

Unidad 1

abecedario, el
abogado/a, el/la
actuar
adecuado/a
adivinar
afirmación, la
ahora
aire, el
alto/a
amigo/a, el/la
animal, el
antes (de)
añadir
aparecer
apellido, el
aquí
Argentina
argentino/a
arquitecto/a, el/la
artista, el/la
así
aunque
ayudar
bandeja, la
bandera, la
bar, el
bien
billete, el
blanco/a
botella, la
Brasil
brasileño/a
bueno/a
cada
cadena, la
caja, la
calle, la
cámara, la
camarero/a, el/la
capital, la
casco, el
casilla, la
castaño/a
Chile
chileno/a
ciudad, la
claro/a
clase, la
clínica, la
coche, el
cocinero/a, el/la
Colombia
colombiano/a
cómo
compañero/a, el/la
completo/a
confirmar
congreso, el
conocer
contestar
correcto/a
corregir
corresponder
correspondiente
cuadro, el
cuál
cuánto
cuatro
cultural
dar
dato, el
dedicar
delante (de)
deletrear
derecha, la
después (de)
diálogo, el
día, el
dibujo, el
distinguir
distinto/a
domicilio, el
dónde
Ecuador
ejemplo, el
ejercicio, el
empleado/a, el/la
empresa, la
entre
entrevista, la
entrevistador/-a, el/la
escuela, la
España
español/-a
estadounidense
estudiante, el/la
estudiar
famoso/a
femenino/a
ficha, la
fontanero/a, el/la
forma, la
foto, la
frase, la
gente, la
gorra, la
gracias
Grecia
griego/a
grupo, el
gustar
habitante, el
hablar
hasta
hay
herramienta, la
Hispanoamérica
hola
hospital, el
hotel, el
identificación, la
idioma, el
igual
importante
información, la
informador/-a, el/la
inglés/-a
integrado/a
intentar
internacional
interrogación, la
inventar
iraní
Italia
italiano/a
izquierda, la
japonés/-a
lengua, la
letra, la
mano, la
mapa, el
marca, la
mal
más
masculino/a
médico/a
mencionar
mexicano/a
México
micrófono, el
muy
nacionalidad, la
Nicaragua
nicaragüense
nombre, el
norteamericano/a
nuevo/a
objeto, el
ocupación, la
ocupar
oficial
oficina, la
oído, el
opción, la
ordenar
otro/a
paciente, el
país, el
palabra, la
para
pareja, la
paréntesis, el
participante, el
pedir
peluquería, la
peluquero/a, el/la
pequeño/a
perfecto/a
periódico, el
periodismo, el
periodista, el/la
pero
perro, el
persona, la
personal
personalidad, la
Perú
peruano/a
pintor/-a, el/la
piso, el
pizarra, la
pizzería, la
plano, el
población, la
policía, la
practicar
pregunta, la
preguntar
presentar
principio, el
profesión, la
profesor/-a, el/la
pues
punto, el
puntuación, la
puntuar
que
reconocer
región, la
relacionar
rellenar
responder
respuesta, la
restaurante, el
saludar
significado, el
signo, el
sin
sobre
también
tarjeta, la
taxista, el/la
tenista, el/la
termómetro, el
texto, el
tique, el
tienda, la
tijeras, las
todavía
todo
trabajar
trabajo, el
tratar
universidad, la
usar
vaso, el
vendedor/-a, el/la
venezolano/a
Venezuela
verbo, el
veterinario/a, el/la
vez, la
vivir
volante, el
voz, la
zoo(lógico), el

Expresiones

- Por favor
- ¿Cómo te llamas?
- Me llamo María.
- ¡Hola, María!, ¿qué tal (estás)?
- Bien, gracias.
- ¿De dónde eres?
- Soy española, de Sevilla.
- ¿Dónde vives?
- Vivo en Barcelona.
- ¿Qué haces?
- ¿Cuál es tu profesión?
- Soy profesora.
- ¿En qué trabajas?
- Te presento a David.
- ¿Cómo se dice?
- Se dice...
- ¿Cómo se escribe?
- Se escribe...

Unidad 2

abuelo/a, el/la ....
academia, la..............................
acento, el ....
actor, el ....
actriz, la ....
adaptado/a ....
África ....
alemán/-a..............................
allí..............................
altitud, la..............................
alumno/a, el/la ....
amable..............................
amistoso/a ....
anotar ....
anterior..............................
antiguo/a ....
año, el ....
apuntar ....
autonomía, la..............................
autónomo/a ....
banco, el..............................
beso, el..............................
biblioteca, la ....
bicicleta, la..............................
bolsillo, el..............................
bonito/a ....
bosque, el..............................
bravo/a..............................
café, el..............................
cajero/a, el/la ....
cama, la ....
cambiar..............................
Canarias, las..............................
canción, la..............................
cantante, el/la ....
cantar..............................
carta, la..............................
cartero/a, el/la..............................
casi..............................
cenar..............................
centralizado/a ....
cerca ....
cero..............................
cerrado/a..............................
ciclista, el/la ....
cinco ....
cine, el..............................
cliente, el/la..............................
comer..............................
cómic, el..............................
comida, la ....
como..............................
compañía, la ....
comparar..............................
compartir ....
comprar..............................
comprobar ....
comunidad, la ....
conjugar..............................
consonante, la..............................
constituido/a..............................
construcción, la..............................
contacto, el ....
continente, el ....
continuar..............................
conversación, la ....
correo, el ....
cosa, la..............................
costa, la..............................
crédito, el ....
cuándo ....
curso, el..............................
debajo (de)..............................
decidir..............................
decir..............................
dedo, el ....
definición, la ....
dependiente, el/la..............................
deportivo/a ....
desayunar ....
despacho, el ....
despedido/a ....
diez ....
Dinamarca..............................
dinero, el ....
dirección, la..............................
director/-a, el/la..............................
dos..............................
durante ....
economía, la ....
educación, la..............................
electrónico/a ....
embarazada ....
emergencia, la..............................
encantado/a..............................
enseñar ....
entrada, la..............................
entrega, la..............................
escena, la ....
escribir ....
escritor/-a, el/la ....
escuchar..............................
escultor/-a, el/la ....
estado, el..............................
estar..............................
Europa ....
europeo/a..............................
existir ....
explicar ....
extensión, la..............................
extranjero/a ....
fax, el ....
flor, la..............................
formal ....
formar ....
francés/-a ....
Francia ....
frontera, la ....
fruta, la ....
frutero/a, el/la ....
fuera ....
fuerte ....
fútbol, el..............................
Galicia..............................
gallego/a..............................
gobierno, el ....
grande..............................
gusto, el ....
hacer..............................
hacia ....
hilo, el ....
hispano/a ....
hora, la..............................
hoy..............................
hueco, el..............................
identificar..............................
imagen, la ....
informal ....
ingeniero/a, el/la ....
insecto, el..............................
intercambiar..............................
ir ....
isla, la..............................
jefe/-a, el/la..............................
justo/a..............................
largo/a ....
latinoamericano/a ....
leer..............................
libro, el ....
llamar..............................
luego..............................
lugar, el ....
manera, la..............................
marítimo/a ....
marroquí ....
más ....
mejor..............................
memoria, la..............................
menos ....
meter ....
metro, el..............................
miembro, el ....
millón, el ....
mirar ....
montaña, la..............................
montañoso/a..............................
móvil, el ....
mucho/a..............................
mujer, la ....
noche, la..............................
norte, el..............................
noticia, la ....
nueve..............................
número, el ....
ocho..............................
ocurrir ....
oeste, el..............................
ordenador, el ....
oreja, la..............................
organizado/a..............................
origen, el..............................
ortografía, la ....
pan, el ....
panadero/a, el/la ....
Panamá..............................
papel, el ....
Paraguay ....
parte, la..............................
pasaporte, el ....
personaje, el..............................
pijama, el ....
plural..............................
poco..............................
poner ....
porque ....
portorriqueño/a..............................
Portugal ....
preparar ....
primero/a ....
propio/a ....
público, el..............................
qué..............................
quién..............................
recepcionista, el/la ....
regular ....
repetir ....
representar..............................
reservar..............................
residencia, la ....
resultado, el ....
rey, el ....
rico/a..............................
Rusia ....
ruso/a..............................
salud, la ....
saludo, el..............................
secretario/a, el/la..............................
seguir..............................
segundo/a ....
seis..............................
semana, la..............................
señalar ....
señor/-a, el/la ....
ser..............................
servicio, el ....
sesión, la ....
sí..............................

siempre
siete
siguiente
silla, la
singular
sistema, el
sitio, el
situación, la
situar
sol, el
solo
subrayar
supermercado, el
tanto
taquilla, la
tarde, la
teatro, el
teléfono, el
tenis, el
tercero/a
terminar
terrestre
tratamiento, el
tres
triciclo, el
turno, el
unido/a
unión, la
uno
Uruguay
utilizar
vacaciones, las
vacío/a
valle, el
vaquero, el
vasco/a
vender
verdad, la
visitar
váter, el
y
ya
zona, la

Expresiones

- Buenos días
- Buenas tardes
- Buenas noches
- Adiós
- Hasta luego
- ¿Quién es ingeniero?
- ¿Quiénes son ingenieros?
- ¿Cómo está (usted)?
- ¿A qué se dedica (usted)?
- ¿Habla otros idiomas?
- Hablo solo inglés.

Unidad 3

aburrido/a
acabar
acompañar
acostarse
actualidad, la
actualmente
adulto, el
alegre
alfabeto, el
americano/a
aniversario, el
antipático/a
aproximadamente
árbol, el
arriba
aspecto, el
averiguar
azul
bailar
bajo/a
barba, la
bastante
bautizo, el
bigote, el
bocadillo, el
boda, la
bolsa, la
buscar
calificativo, el
callado/a
carácter, el
cariñoso/a
casa, la
casado/a
casarse
catorce
celebración, la
celebrar
chico/a, el/la
chiste, el
cien
cifra, la
cinco
cita, la
civil
clasificar
color, el
completar
comunión, la
concordancia, la
conmigo
convivir
correr
corto/a
cuarenta
cuenta, la
cuento, el
cuerpo, el
cuidar
cultura, la
cumpleaños, el
cuñado/a, el/la
definido/a
dejar
delgado/a
demás
deportista, el/la
describir
descripción, la
desde
determinado/a
dibujar
diecinueve
dieciocho
dieciséis
diecisiete
diferencia, la
diferente
discoteca, la
discutir
divertido/a
divorciado/a
divorcio, el
doce
edad, la
emigrar
empezar
equipo, el
estado civil, el
estatura, la
estrecho/a
fácilmente
falso/a
faltar
familia, la
familiar
fecha, la
feo/a
fiesta, la
finalidad, la
físicamente
físico/a
formado/a
frecuentemente
gafas, las
genealógico/a
general
género, el
generoso/a
gordo/a
guapo/a
hablador/-a
hermano/a, el/la
hijo/a, el/la
historia, la
importancia, la
indicar
insensible
inteligente
interesante
invitar
irregularidad, la
irse
joven
juego, el
jueves
jugador/-a, el/la
julio
juntos
lado, el
levantar
limón, el
liso/a
listo/a
llevar
llorar
lunes
madre, la
mañana, la
maquetar
marido, el
marrón
mayor
medicina, la
medio/a
mes, el
monoparental
moreno/a
movilidad, la
muerto/a
muñeca, la
naranja, la
nariz, la
naturalmente
Navidad, la
negro/a
nieto/a, el/la
niño/a, el/la
normal
normalmente
noventa
noviembre
novio/a, el/la
nunca
ocasión, la
ojo, el
once
padre, el
página, la
pantalla, la
parecido, el
parentesco, el
pasado, el
pasar
patata, la
película, la
pelo, el
perilla, la
pie, el
posible
posición, la
preferido/a
premio, el
primo/a, el/la
quedar
quince
quitar
rasgo, el
recuerdo, el
red, la

referir
regalo, el
relación, la
renta, la
río, el
rizado/a
rubio/a
sábado, el
salir
según
sensible
serio/a
sesenta
setenta
sexo, el
simpático/a
sobrino/a, el/la
sociable
social
soltero/a
tacaño/a
temporada, la
temprano/a
tener
tímido/a
tío/a, el/la
tipo, el
tonto/a
trabajador/-a
tradicionalmente
traer
trece
treinta
tres
triste
vago/a
vecino/a, el/la
veinte
vela, la
verde
vida, la
viudo/a

Expresiones

- ¿Cómo es?
- Tiene el pelo corto y moreno.
- Tiene los ojos azules.
- Lleva gafas y barba.
- ¿Cuántos años tienes?
- ¿Qué edad tienes?
- Tengo 20 años.
- Estoy casado y mi hermano está soltero.

Unidad 4

acondicionado/a
además
adosado/a
agua, el
ahí
aislado/a
alegría, la
alquilado/a
alquilar
alquiler, el
altura, la
amplio/a
amueblado/a
antiguamente
anuncio, el
apartamento, el
apreciado/a
armario, el
ascensor, el
aseo, el
ático, el
autopista, la
avenida, la
bañera, la
baño, el
barrio, el
bloque, el
boca (de metro), la
calefacción, la
calendario, el
caluroso/a
campo, el
cansado/a
cantidad, la
cara, la
característica, la
cartel, el
centro, el
chalé, el
clásico/a
cocina, la
colocar
comedor, el
compartido/a
completo/a
contento/a
contexto, el
contrario, el
copa, la
décimo/a
dentro (de)
detrás (de)
diseño, el
domingo
dormitorio, el
dúplex, el
edificación, la
edificio, el
elegir
elemento, el
enamorado/a
encima (de)
encontrar
enfrente (de)
escalera, la
espacio, el
espejo, el
esquina, la
estantería, la
estudio, el
exacto/a
exterior
final, el
flecha, la
fondo, el
frío/a
gasto, el
generalmente
grado, el
habitación, la
habitante, el
hogar, el
horno, el
humedad, la
idea, la
importar
inferior
inmueble, el
intensidad, la
invitado, el
jardín, el
jueves
juvenil
localización, la
localizar
lujo, el
luminoso/a
lunes
luz, la
martes
menor
mesa, la
miércoles
mismo/a
moderno/a
montañés/-a
mucho/a
mueble, el
mundial
nada
noveno/a
observar
octavo/a
ocupar
orden, el
ordenar
ordinal
pagar
pared, la
particularmente
pasillo, el
planta, la
plaza, la
popular
precioso/a
principal
problema, el
quinto/a
real
recibidor, el
reducir
respectivo/a
ruidoso/a
sábado
salón, el
segundo/a
séptimo/a
sexto/a
silencioso/a
simplemente
sinfonía, la
sofá, el
suelo, el
superior
tamaño, el
telefonillo, el
televisión, la
temperatura, la
tomar
tranquilo/a
trozo, el
turno, el
último/a
unifamiliar
vecindad, la
vecino/a, el/la
venir
ventana, la
ver
verano, el
viernes
vista, la
vivienda, la

Expresiones

- ¿Cómo es tu piso?
- Es pequeño, exterior y muy bonito.
- ¿Cuántas habitaciones tiene?
- Tiene una.
- ¿Dónde está el cuarto de baño?
- A la derecha del dormitorio.
- Al lado del dormitorio.

Unidad 5

abrir
acabado/a
aceite, el
acentuado/a
actividad, la
acuerdo, el
adivinado/a
aduana, la
aeropuerto, el
alternativa, la
alusivo/a
América
amurallado/a
anterioridad, la
antigüedad, la
aparcamiento, el
aprovechar
arqueológico/a
asiático/a

autobús, el
avenida, la
ayuntamiento, el
balcón, el
cafetería, la
callejero, el
carne, la
carnicería, la
cercanía, la
cerrar
charcutería, la
cien
cítrico, el
colegio, el
colonial
comercial
comercio, el
completamente
conocido/a
conseguir
consulta, la
consultar
contar
convento, el
correspondencia, la
cruz, la
cruzar
cuarto, el
cuatrocientos
desconocido/a
diferenciar
digital
distancia, la
documento, el
domingo
doscientos
entender
entonces
época, la
escapada, la
espalda, la
especial
espera, la
establecimiento, el
estación, la
estratégico/a
excepto
existencia, la
exportación, la
fácil
ferrocarril, el
finalmente
floristería, la
fortaleza, la
fuente, la
fundación, la
fundado/a
gasolinera, la
gira, la
guiado/a
hambre, el
histórico/a
horario, el
hortaliza, la
humanidad, la
ida, la
iglesia, la
independencia, la
indeterminado/a
instrucción, la
irregular
kilómetro, el
leche, la
lejos
libertad, la
libre
librería, la
línea, la
llegar
madera, la
mancha, la
manecillas, las
manzana, la
mar, el
marítimo/a
medio/a
mencionado/a
mercado, el
metálico/a
mil
militar
minuto, el
modernista
monasterio, el
museo, el
nacional
naval
neoclásico/a
novecientos
ochocientos
original
panadería, la
parada, la
parque, el
patrimonio, el
penúltimo/a
pescadería, la
pescado, el
petróleo, el
pino, el
pintar
piscina, la
planear
precio, el
procesión, la
producto, el
proyección, la
pueblo, el
puerta, la
puerto, el
quinientos
quiosco, el
rectificar
refinado/a
relacionar
reloj, el
reparación, la
resto, el
revista, la
ropa, la
saber
sacar
sección, la
seiscientos
setecientos
significar
situado/a
solución, la
tachar
taxi, el
toalla, la
transporte, el
tren, el
trescientos
turismo, el
turista, el
turístico/a
universitario/a
viaje, el
visita, la
zapatería, la
zapato, el

Expresiones

- ¿Cómo llego a tu casa?
- Vas por la calle Atocha, giras a la derecha.
- ¿Cómo voy al cine?
- Es fácil. Sigues todo recto.
- ¿A qué hora empieza la película?
- Empieza a las 20:30.

Unidad 6

absolutamente
abundante
acompañado/a
acuático/a
acostarse
afición, la
aficionado/a
agenda, la
ahorrar
alpinismo, el
andar
aperitivo, el
árbitro, el
atasco, el
atletismo, el
avión, el
baile, el
balón, el
baloncesto, el
bañarse
bebida, la
beicon, el
calor, el
caro/a
cazo, el
cena, la
charlar
China
ciclismo, el
ciencia, la
coleccionar
comentar
competitivo/a
compra, la
común
comunicar
copa, la
coser
costumbre, la
cronológico/a
cuerda, la
cultivar
dentista, el/la
deporte, el
desayuno, el
descansar
descanso, el
descubrir
despertador, el
despertarse
diario/a
dormir
ducha, la
ducharse
elaborar
encantar
encuesta, la
entrenar
enviar
escalar
espinacas, las
esquí, el
esquiar
expresar
favorito/a
ficción, la
figura, la
fotografía, la
frecuencia, la
frecuente
frijoles, los
gimnasia, la
gimnasio, el
gol, el
golf, el
hábito, el
habitual
habitualmente
huevo, el
ilustrativo/a
informe, el
instituto, el
interactuar
invierno, el
jardinería, la

judías, las
juerga, la
jugar
limpiar
lista, la
mandar
mantequilla, la
mayoría, la
mediodía, el
mensaje, el
menú, el
merendar
merienda, la
momento, el
moneda, la
montañero/a, el/la
motivo, el
municipal
música, la
nadar
natación, la
navegar
necesitar
nocturno/a
ocupado/a
oliva, la
ordenar
oscuro/a
parecer
partido, el
pasear
paseo, el
pausa, la
pelota, la
permitir
pescar
picante
pincho, el
pista, la
plato, el
playa, la
polideportivo, el
portero/a, el/la
postre, el
profesional
pronto
proyecto, el
quedarse
rápido/a
raqueta, la
rato, el
recolectar
relajado/a
relajarse
reunión, la
risa, la
ruido, el
rutina, la
sano/a
secreto/a
senderismo, el
seta, la
siesta, la
similitud, la
solamente
sur, el
tampoco
tapas, las
tapeo, el
té, el
tele, la
tema, el
terraza, la
texto, el
tiempo, el
tirar
toalla, la
tortilla, la
tostada, la
tumbado/a
urbanización, la
vestido, el
vestirse
vuelta, la

Expresiones

- Por la mañana
- A mediodía
- Por la tarde
- Por la noche
- ¿A qué hora te levantas?
- Me levanto a las ocho.
- ¿Qué haces antes de cenar?
- ¿Te gusta algún deporte?
- Sí, me gusta la natación.
- A mí me gusta correr.
- A mí también.
- A mí no me gusta nadar.
- A mí tampoco.

Unidad 7

abajo
aceituna, la
acerca (de)
adelgazar
afirmativo/a
agitar
ajo, el
alcohol, el
alimentario/a
alimento, el
amarillo/a
asado, el
atún, el
azúcar, el
barato/a
barra, la
batido, el
batidora, la
batir
bienvenido/a
bote, el
caballero, el
calamar, el
caliente
cambio, el
cariño, el
casero/a
castillo, el
categoría, la
cebolla, la
céntimo, el
central
cerdo, el
cereal, el
cerveza, la
chorizo, el
chuleta, la
churro, el
cocido/a
cocinar
complemento, el
consumir
cortar
croqueta, la
cubierto, el
cuchara, la
cuchillo, el
diente, el
dieta, la
disco, el
docena, la
duro/a
ensalada, la
ensaladilla, la
equilibrado/a
espaguetis, los
esperar
estupendo/a
euro, el
examen, el
filete, el
flan, el
fresco/a
frito/a
galleta, la
gamba, la
gas, el
gastar
gastronomía, la
gazpacho, el
gota, la
gramo, el
guarnición, la
guía, el
guisantes, los
harina, la
ingrediente, el
inventor/-a, el/la
invitado/a
jarra, la
jirafa, la
jugoso/a
kilo, el
lata, la
lechuga, la
lentejas, las
maduro/a
maíz, el
mantel, el
marisco, el
mayonesa, la
merluza, la
mermelada, la
mezclar
mojado/a
mojarse
motor, el
necesario/a
ofrecer
pago, el
palabra, la
paquete, el
pelar
peligro, el
pera, la
perejil, el
pimiento, el
pinchar
plancha, la
pollo, el
preferir
queso, el
realidad, la
receta, la
recipiente, el
recoger
redondo/a
refrescante
refresco, el
rellenar
rojo/a
sal, la
salmón, el
salsa, la
sartén, la
sed, la
servilleta, la
silencio, el
tarta, la
tenedor, el
ternera, la
timbre, el
típico/a
tomate, el
trigo, el
tropical
variedad, la
vegetariano/a
verdura, la
visual
zumo, el

Expresiones

- ¿Qué desea? ¿Qué le pongo?
- Quiero un kilo de tomates.
- ¿Algo más?
- ¿Cuánto es?

- Son 10 euros.
- ¿Quién va ahora?
- ¿Puedes poner la mesa, por favor?
- ¿Mesa para dos?
- Sí, por favor.
- ¿Qué tiene de menú?
- De primero tenemos...
- De segundo tenemos...
- ¿Qué va a tomar?
- De primero quiero...
- De segundo quiero...
- ¿Y para beber?
- ¿Me trae la cuenta, por favor?

Unidad 8

acabar ....
accidente, el ....
acción, la ....
acertar ....
acogedor/-a ....
actuar ....
acuerdo, el ....
adicional ....
admitir ....
agencia, la ....
águila, el ....
ahora ....
algo ....
andar ....
animar ....
anunciar ....
aperitivo, el ....
apetecer ....
área, el ....
arena, la ....
arte, el ....
artístico/a ....
autobús, el ....
auxiliar, el/la ....
banda, la ....
bastante ....
beber ....
belleza, la ....
bello/a ....
bendecir ....
bollo, el ....
bota, la ....
bueno/a ....
bufé, el ....
cambiar ....
campanada, la ....
cancelar ....
capaz ....
cargador, el ....
carné, el ....
caro/a ....
carpintero/a, el/la ....
castañuelas, las ....
catedral, la ....
categoría, la ....
causa, la ....
céntrico/a ....
cerca ....
cercano ....
claramente ....
cola, la ....
comprar ....
conducir ....
confundir ....
conjunto, el ....
considerado/a ....
construir ....
control, el ....
convento, el ....
crema, la ....
chaqueta, la ....
chiringuito, el ....
definir ....
dibujante, el/la ....
discoteca, la ....
distancia, la ....
diversión, la ....
duda, la ....
durante ....
económico/a ....
elegante ....
elegir ....
embarque, el ....
empezar ....
engordar ....
equipaje, el ....
específico/a ....
espectáculo, el ....
estatua, la ....
expresar ....
facturar ....
familiar ....
ferrocarril, el ....
fin, el ....
final, el ....
fórmula, la ....
gente, la ....
gigante ....
gimnasio, el ....
guardar ....
guardería, la ....
guitarrista, el/la ....
heredado/a ....
historia, la ....
hotelero/a ....
humanidad, la ....
incluir ....
inmigración, la ....
intensidad, la ....
intensificar ....
interesante ....
invariable ....
jamón, el ....
jugador/-a, el/la ....
lago, el ....
leer ....
lejos ....
levantar ....
libre ....
líder, el/la ....
limpio/a ....
línea, la ....
loncha, la ....
mascota, la ....
memorizar ....
mensaje, el ....
moda, la ....
monumental ....
monumento, el ....
mostrador, el ....
motivo, el ....
natural ....
naturaleza, la ....
navegador, el ....
necesario/a ....
negocio, el ....
nieve, la ....
olvidar ....
originalmente ....
palacio, el ....
palmera, la ....
pan, el ....
parecer ....
pareja, la ....
parque, el ....
patrimonio, el ....
película, la ....
península, la ....
piscina, la ....
plantear ....
poco/a ....
prehistórico/a ....
primavera, la ....
prisa, la ....
problema, el ....
protagonista, el/la ....
proteger ....
protestar ....
provincia, la ....
próximo/a ....
quejarse ....
quemar ....
razón, la ....
recado, el ....
recepción, la ....
recepcionista, el/la ....
recordar ....
recorrido, el ....
referencia, la ....
rellenar ....
reposo, el ....
reserva, la ....
retrato, el ....
robar ....
rodeado/a ....
rural ....
sauna, la ....
secreto/a ....
semana, la ....
sencillo/a ....
serpiente, la ....
servir ....
siempre ....
siesta, la ....
significar ....
solar ....
subir ....
suerte, la ....
tardar ....
tarjeta, la ....
taxi, el ....
traje, el ....
tranquilo/a ....
transporte, el ....
tren, el ....
turismo, el ....
turista, el/la ....
turístico/a ....
turno, el ....
usar ....
uva, la ....
vehículo, el ....
vistas, las ....
vuelo, el ....

Expresiones

- ¿Te gusta el hotel?
- Sí, me gusta mucho. Es muy moderno.
- ¿Por qué prefieres los trenes a los aviones?
- Porque son más cómodos.
- ¿Para qué estudias español?
- Para viajar a Hispanoamérica.
- ¿Quién es ella y quiénes son ellos?
- Ella es la guía y ellos son los conductores.
- ¿Diga?
- ¿Está Luis, por favor?
- No está. ¿Quiere dejar un recado?
- ¿De parte de quién?
- Hotel Miramar. ¿En qué puedo ayudarlo?
- Buenos días, tengo una habitación reservada.
- ¿A nombre de quién (está la reserva)?

Pistas CD audio

Unidad 1

Pista 1
¿Quién es?
Pista 2
Dos amigas
Pista 3
Soy veterinaria
Pista 4
El abecedario a.
Pista 5
El abecedario b.
Pista 6
En el veterinario
Pista 7
Los reconoces
Pista 8
Entonación
Pista 9
¿Quién es quién?

Unidad 2

Pista 10
Entre compañeros
Pista 11
En la academia de idiomas
Pista 12
«Pegando la oreja»
Pista 13
Números del 0 al 9
Pista 14
Los resultados deportivos
Pista 15
La sílaba acentuada
Pista 16
Una visita sorpresa

Unidad 3

Pista 17
Cita a ciegas
Pista 18
En una palabra, es…
Pista 19
Del 10 al 20
Pista 20
De veinte a cien
Pista 21
¿Cuántos años tienes?
Pista 22
¿Dónde está el acento?
Pista 23
Sonia y sus hermanos

Unidad 4

Pista 24
¿Cómo es la casa?
Pista 25
Laura llama a sus amigos
Pista 26
¿Cómo se pronuncia?
Pista 27
¿Dónde los pongo?

Unidad 5

Pista 28
¿Cómo llego a tu casa?
Pista 29
¿Hay muchas tiendas?
Pista 30
¿A qué hora quedamos?
Pista 31
De cien a un millón b.
Pista 32
Escribe la tilde
Pista 33
Visitamos El Escorial

Unidad 6

Pista 34
Un día en la vida de Inés
Pista 35
¿Cuándo quedamos?
Pista 36
Mi deporte favorito
Pista 37
Erre que erre 1.
Pista 38
Erre que erre 2.
Pista 39
Erre que erre 3.
Pista 40
Erre que erre 4.
Pista 41
Erre que erre 5.

Unidad 7

Pista 42
¿Dónde compran?
Pista 43
En el puesto de frutas y verduras
Pista 44
En casa de Clara
Pista 45
Jorge come en un restaurante
Pista 46
¡A pronunciar!
Pista 47
Elige
Pista 48
Acerca de la comida

Unidad 8

Pista 49
Nerea y Rubén en el hotel
Pista 50
Nerea y Rubén identifican a su guía
Pista 51
¿Dónde están?
Pista 52
a Grupos *ch*, *cc* y *ll*
Pista 53
b Grupos *ch*, *cc* y *ll*
Pista 54
¿En qué puedo servirle?

1.ª edición: 2017
2.ª impresión: 2023

Autores: Fernando Marín, Reyes Morales.
Dirección y coordinación editorial: Departamento de Edición de Edelsa.
Diseño de cubierta: Departamento de Imagen de Edelsa.
Diseño y maquetación de interior: Dolors Albareda.
Ilustraciones: Bernardo Marcos Rocafort.

ISBN: 978-84-9081-360-7
Depósito Legal: M-1996-2017

Impreso en España / *Printed in Spain*

Fuentes y créditos:
Fotografías: Photos.com y Shutterstock.com

CD audio (locuciones):
Unidad 1 a 7: ALTA FRECUENCIA MADRID. Tel. 91 5195277, www.altafrecuencia.com
Voces de la locución: Juani Femenía, Arantxa Franco, José Antonio Páramo y Jaime Moreno.
Unidad 8: Bendito Sonido.
Voces de la locución: Olga Hernangómez, Ángel Morón.

A1 DELE Actividades de ayuda a la preparación del DELE.

Notas:

- La editorial Edelsa ha solicitado los permisos de reproducción correspondientes y da las gracias a todas aquellas personas e instituciones que han prestado su colaboración.
- Las imágenes y los documentos no consignados más arriba pertenecen al Departamento de Imagen de Edelsa.
-